门德尔松

Mendelssohn

外国音乐欣赏丛书

罗小平/编著

人民音乐出版社·北京

目　录

名作欣赏

导语

1847年11月4日，德国乐坛上的一颗明星陨落了，莱比锡举城哀悼。当时在音乐学院就读的一位英国学生回忆道:“一种可怕的沉寂传遍全城，就好像是国王驾崩。”葬礼是十分隆重的，一个管乐队演奏着贝多芬的葬礼进行曲走在前面，莫谢莱斯、达维德、舒曼、里茨等音乐家护送灵柩走向教堂，莱比锡和德累斯顿的社会名流跟随在后。当晚八时，一千多名群众举着火炬把灵柩送到车站。运送灵柩的火车途经之处，人们都聚集在站台上致哀。当火车到达柏林后，又有数千名群众护送作曲家的遗体至柏林的旧犹太墓园安葬。

他在幸运之神的光辉照耀下降临，又在世间的一片赞颂声中离去。他没有贝多芬那种与命运搏斗的体验，亦没有舒伯特那种在贫困中挣扎的痛苦，更不像莫扎特病故后“青冢无处寻”那般凄凉。他的人生充满阳光，他的道路撒满鲜花，他就是欧洲音乐史上的幸运儿——门德尔松。

一、生平与创作道路

Jakob Ludwig Felix Mendelssohn Bartholdy

雅各布·路德维希·费利克斯·门德尔松·巴托尔迪

(1809 年生于汉堡，1847 年卒于莱比锡)

音乐家中的幸运儿

1809年2月3日，费利克斯·门德尔松出生在汉堡一个富有的犹太知识分子家庭。费利克斯的祖父摩西·门德尔松是欧洲著名的哲学家，有“犹太的苏格拉底”之美称。门德尔松的父亲亚伯拉罕起初在巴黎银行任小职员，由于他工作出色升任主要出纳员。后来，他与普鲁士宫廷珠宝商的女儿莱娅·萨洛蒙结婚，并回到汉堡经营银行。莱娅是一个受过良好教育的文雅妇女，她掌握多种语言，又有音乐素养。亚伯拉罕与莱娅一共有四个孩子，为了把孩子们培养成才，亚伯拉罕请来一流的教师对他们进行多方面的教育。著名的语言学家卡尔·威廉·路德维希·海塞教拉丁文、希腊文和历史，著名钢琴家柏尔格教钢琴，柏林皇家管弦乐队的首席——查理和海尼教小提琴与大提琴。他还从柏林名牌学院请来优秀的绘画老师。此外，骑马、跳舞、游泳等有益身心发展的活动亦成为孩子们学习的内容。

对门德尔松影响较大的老师，一个是钢琴家柏尔格，在他的精心培养下，门德尔松很年轻就跻身于欧洲钢琴家之列。另一个是阿道尔夫·伯恩哈德·马克斯，他指导费利克斯研究贝多芬的音乐，对他的创作提出有益的建议。对作曲家一生的发展有着重要影响的是柏林歌唱学院的院长、著名音乐家策尔特。门德尔松八岁起就在他的指导下学习作曲。他指引门德尔松从德奥古典音乐传统中吸取营养，培养其对民间音乐的兴趣，想方设法启迪门德尔松的想象力和灵感。他把枯燥的对位练习安排得和游戏一样有趣，使门德尔松在小小年纪便掌握了系统的创作技巧。但是，策尔特保守的艺术趣味也束缚了小门德尔松的创新精神，使他的创作激情时时受到理性的控制，创作形式处处注意古典的和谐美，以致使他的音乐思维模式与美学理想也和当时的浪漫主义作曲家有着明显的区别。

名师的指引为作曲家的发展奠定了基础，家庭的民主气氛、社交圈子的进步思想又为他创造了在精神与艺术上迅速成熟的环境。在莱比锡大街三号——门德尔松家豪华的住宅里，经常聚集着当时德国文化知识界的杰出人物。每个星期天的家庭音乐会吸引着哲学家黑格尔，科学家洪堡，诗人海涅，音乐家韦伯、莫谢莱斯、胡梅尔，画家施温德等人。在花园中央的音乐厅里，门德尔松或指挥一个小管弦乐队，或演奏小提琴、钢琴，或为妹妹的独唱、弟弟的大提琴独奏弹伴奏。有时他还和姐姐范妮弹重奏。他的新作品也常在音乐会上表演。他的才华得到这些非凡人物的欣赏。这些人的思想和人道主义精神促使他崇尚理性，重视艺术的神圣使命和音乐的启蒙作用，重视人的价值和生命的意义。尤其是与大诗人歌德的交往，对他的一生有重要的影响。策尔特与歌德是老朋友，他曾写信给歌德，希望大诗人看在他们友情的份上会见他最心爱的学生——十二岁的门德尔松。门德尔松在给姐姐范妮的信中谈到第一次看到歌德的情景："在星期天，魏玛的太阳——歌德出现了。……他非常友好……任何人都不会觉得他已七十二岁，而会觉得他只有五十岁。"这一天，他为歌德演奏了巴赫的赋格曲、莫扎特的歌剧《唐璜》中的小步舞曲和《费加罗的婚礼》的序曲，还有贝多芬的一些作品。在后来的两个星期中，这一老一少关系非常亲密、融洽。门德尔松在写给他父母的信中谈道："我在这里练琴比在家还要多……我弹琴时歌德坐在我旁边，当我即兴演奏完毕，就要求他吻我一下。""你们无法想象出他对我多么和善、友好。"当门德尔松告别歌德回家时，歌德送给他不少礼物，其中还有一首专门为他创作的诗歌。从此，大文豪与小作曲家结成了忘年之交。歌德深邃、博大的思想，明睿的智慧，不断进取的精神，强调现实主义与浪漫主义相结合的艺术主张，以及推崇古典美的艺术趣味，对门德尔松哲学观、美学观的形成都有不可忽视的作用。

此外，欧洲兴起的浪漫主义艺术思潮，以及德国文学和音乐作品中的幻想色彩、抒情格调、自然魅力，都在他幼小的心灵中留下了不可磨灭的印象。门德尔松在古典音乐传统与民间艺术的滋养下成长，在启蒙思想、人道主义精神与浪漫主义思潮的影响下前进。优越的环境使多才多艺的门德尔松很快就崭露头角并日益为世人所瞩目。他九岁登台演出时就已展现出一个钢琴家的素质。十岁开始作曲，乐思不绝、新作不断，歌曲、三重奏、奏鸣曲、协奏曲、大合唱、小歌剧一首接一首地完成。令人吃惊的是，在十二岁至十四岁的三年中，他就创作了十多部弦乐交响曲，这些作品至今仍为广大听众所欣赏。他在十六岁时写的《降E大调弦乐八重奏》（Op.20）是少年作曲家作品中罕见的杰作。十七岁完成的《仲夏夜之梦》序曲（Op.21）令许多音乐家拍案叫绝。门德尔松还是一位业余画家，他能用铅笔、炭笔画素描，创作的水彩画也有一定水平。他的文学才能几乎不亚于他的音乐才能，十二岁时就能写出文笔流畅、很有见地的书信。据说，他曾在一天内写了二十七封信，十分富有文采。

毕生的事业

美的探索与音乐的创作活动是门德尔松毕生致力的事业。1829 年，在门德尔松的指挥下，柏林歌唱学院上演巴赫的《马太受难曲》，这是巴赫逝世后该曲的首次公演，也是门德尔松为复兴巴赫作品而做的诸多贡献之一，已成为音乐史上的佳话。

1823 年圣诞节，门德尔松的祖母送给他一份巴赫的《马太受难曲》原稿抄本作为圣诞礼物。1828 年 10 月，他和一些爱好音乐的朋友决定在家庭音乐会上演唱巴赫的《马太受难曲》。大家一接触到这首不朽的名作，就完全被其崇高圣洁的音乐吸引住了。为了公开演出这部作品，门德尔松和朋友去找策尔特，希望得到他与歌唱学院的支持。起初，策尔特认为这个计划是根本不能实现的。他的看法是：排练《马太受难曲》需要有接受过特别训练的高水平合唱队和双管编制的乐队，这除非巴赫本人重生并亲自来指导。此外，策尔特对门德尔松是否有控制合唱队和乐队的能力表示怀疑。他深知，专业演员对富家子弟和犹太人是存在偏见的。门德尔松和朋友德弗连特费尽口舌，终于说服了策尔特派人参加排练。音乐会以救济贫穷的女子缝纫学校的慈善名义举行，借用学院排练厅的费用全部由门德尔松承担。排练时，并没有发生策尔特担心的情况，门德尔松的激情和感染力，对作品的深刻理解，使排练获得了最好的效果。通过九次充分的排练，《马太受难曲》终于在 1829 年 3 月 11 日公演了。据说，门票在几分钟内一售而空，还有一千多名听众在门外吵着要进场。许多社会名流都出席观看，全场观众在欣赏音乐时，就像在教堂里那样肃穆、安静。巴赫这部被人遗忘了近百年的杰作，在门德尔松的指挥棒下重见天日。演出获得了惊人的成功，消息传遍柏林。在巴赫诞辰那天，该作品再次公演，出席音乐会的哲学家黑格尔对门德尔松表示衷心的祝贺。

同年4月，门德尔松从汉堡乘船到伦敦，开始了欧洲之行。当船抵达伦敦时，他的朋友莫谢莱斯和克林格曼在码头欢迎他的到来。莫谢莱斯安排门德尔松住在大波特兰大街103号，并把他介绍给当地的音乐家和社会名流。门德尔松依靠朋友的帮助、祖父的声望和自己良好的教养、潇洒的风度，赢得了新朋友的信任。伦敦的音乐家和贵族的圈子都向他敞开大门。他在给家人的信中谈道：这几天宛如在旋涡中摇晃、旋转。在柏林沉寂的六个月与在这里欢乐的三天形成多么鲜明的对照。到伦敦以后，他一直盼望能在音乐会上演出自己的作品。5月25日，他的《第一交响曲》（Op.11）安排在爱乐协会演出季的第七个音乐会上演。演出比他想象的还要成功。听众对他的作品报以长时间的热烈的掌声，并一再要求返场演奏慢板乐章和谐谑曲。演出后，两百多个听众纷纷向作曲家祝贺。几天以后，他的音乐会再次演出，听众挤满了整个音乐厅，出色的演奏又一次掀起了热潮，评论家纷纷撰文介绍他的表演。有的说："他的手指在歌唱。"有的说："他的演奏如舒适的暖流冲入人体，使听众着迷。"7月13日，门德尔松还邀请了当地著名的音乐家一起为支援西里西亚灾民义演。音乐会盛况空前，听众都称赞他是一流的演奏家。从此，门德尔松成了英国民众最喜爱的音乐家之一，伦敦也成了他的第二个故乡。同时，倾向古典主义艺术的英国听众的审美趣味，对作曲家原有的审美观又起到了强化的作用。

7月底，门德尔松和克林格曼到苏格兰旅行。奇特、雄伟的自然风光，朴实、彪悍的苏格兰高地民众，热闹非凡的风笛比赛，玛丽·斯图亚特教堂废墟的凄凄荒草，这一切都给门德尔松留下深刻的印象。他在这里找到了创作关于苏格兰风土人情的交响乐的灵感。斯塔法岛壮观的芬格尔洞、海浪拍打深色玄武岩列柱形成的类似大管风琴音色的鸣响、灰蒙蒙的海面与终年喧哗的海浪，使门德尔松的脑海里浮现了一连串音响的律动。后来，他脑海中的这段音乐成为创作《芬格尔山洞》序曲（Op.26）的基础。苏格兰之行使作曲家对生活的体验与感受更丰富了。描绘大自然美的形态，表现人与大自然的交流成了门德尔松浪漫主义作品中重要的内涵。

1830年10月初，门德尔松赴意大利旅行。在金色装点下的秋天的威尼斯犹如绽开的睡莲，浮在波光闪烁的海湾。明媚的阳光、和煦的海风、秀丽的小桥、飘荡的歌声使他赞叹不已，文艺复兴时期大画家的传世之作更令他着迷。他欣赏了提香的杰作《圣母升天》，写下了这样的感受："玛丽亚在云端浮现，空气在整个画面流动，人们感到她的呼吸、她的忧郁，还有她的献身。在一幅画中有一千种感情。”他兴奋地写信给策尔特老师，描述了欣赏这些名画的激动心情，认为即使为了品味这些名画来威尼斯一游也是值得的。他在此写下的钢琴小品《威尼斯船歌》（Op.19，No.6）便蕴含着当时的丰富感受。他从威尼斯经波隆那抵达佛罗伦萨。这里碧空如洗、空气清新、鲜花盛开。他欣喜若狂地挥毫作画，在笔触中倾注了自己的满腔热情。11月1日，他到达首都罗马，天天流连于各种名胜古迹中，时而涉足古罗马废墟和宏伟肃穆的圣彼得大教堂，时而在画廊和神殿漫步。他瞻仰梵蒂冈，欣赏艺术品，并有机会参加了罗马狂欢节、教皇葬礼等活动。罗马对他来讲象征着历史和人类的创造力。1831年春天，他来到那不勒斯，并在聚会上即兴演奏，获得好评。初夏，他再次到佛罗伦萨游玩，巧遇一年一度的圣约翰节，欣赏露天马车游行的节目，还参加化装舞会狂欢到天明。他在博物馆、画廊度过了许多美好的时光。意大利的自然风光、光辉灿烂的古代文明和文艺复兴时期的艺术，深化了他的人文主义思想，以及追求古典美的审美观念，也丰富了他的审美体验，触发了他的创作灵感，并促使他创作《意大利交响曲》（Op.90）、《无词歌》（第一集，Op.19）等浪漫主义艺术精品。

门德尔松在罗马遇到了柏辽兹。尽管他们同属浪漫主义流派，但他却无法理解狂放、激愤的柏辽兹，亦不喜欢柏辽兹粗犷、极端、强烈的个性与音乐风格。不过，门德尔松尊敬柏辽兹，彼此相处得也十分融洽。柏辽兹在给费迪南德·希勒的信上提到门德尔松时认为："他是一个热情、卓越、华美和有巨大才能的人……"，并提到"他坦率地告诉我，他根本不理解我的音乐。"但是，门德尔松对柏辽兹是关心、支持的。1843年，当柏辽兹希望他的作品能在莱比锡布业会堂音乐厅演出时，门德尔松全力以赴地帮助他，为他校正总谱，并在竖琴家缺席的情况下，同时承担钢琴和竖琴的演出任务。柏辽兹也尽力介绍、宣传门德尔松的音乐，为他的作品撰写评论。

1831 年 11 月，门德尔松经慕尼黑回到柏林，冬天又到巴黎做第二次旅行。七月革命后的法国，资本主义有了进一步发展，资产阶级自由思想及浪漫主义运动正处于发展的高潮。首都巴黎成为浪漫派艺术家聚集的中心，第一流的音乐家帕格尼尼、李斯特、肖邦等都活跃在巴黎的乐坛上。门德尔松在这里结识了音乐家迈耶贝尔等许多新朋友，其中最亲密的朋友是钢琴家、指挥家希勒。他们常在一起讨论法国的政治问题和艺术问题。他与李斯特、肖邦在交往中亦加深了相互的了解。这期间，巴黎音乐学院管弦乐队演奏了他的《仲夏夜之梦》序曲。他的室内乐作品弦乐八重奏及四重奏得到了行家的盛赞。他演奏的贝多芬《G 大调钢琴协奏曲》亦获得了广大听众的喝彩。他在巴黎作为一个出色演奏家的声誉超过了作曲家。尽管他不喜欢这里浓烈的政治气氛，但是进步思想的氛围，以及与各国浪漫主义艺术家的交往对他的音乐实践还是有一定影响的。

1832 年 1 月 23 日，门德尔松最敬爱的老师和亲密的朋友策尔特辞世，3 月 22 日伟大的诗人歌德又去世了，这使他陷入深深的痛苦中。他认为，德国失去了歌德，天地都为之黯然无光了。4 月，他离开巴黎又一次到伦敦演出，他始终觉得伦敦的一切令人十分亲切、愉快。他的音乐亦在英国产生了深远持久的影响。同年仲夏，他回到了柏林与亲友团聚。

策尔特的病故使柏林歌唱学院院长的位置空缺。策尔特的助手隆根哈根与年轻的门德尔松都有可能就任这一职位。起初，门德尔松并不十分热衷此事，但他的家庭希望他参加这次竞选，于是，他才下了决心。歌唱学院的理事会对人选的问题讨论了几个月仍悬而未决。在最后一次会议临近的关键时刻，隆根哈根的支持者编造流言对门德尔松进行攻击和诽谤。他们说门德尔松太年轻、缺乏经验；又说他以财压人，他父亲要买下歌唱学院；还有人说歌唱学院是基督教的学校，让犹太人来领导，从未有先例，不合适。结果在投票选举时，隆根哈根以 144 票对 88 票的优势获胜。这次落选，在人生一向顺利的门德尔松心中留下了阴影，使他意识到现实的生活与心中理想的世界之间有遥远的距离，也使他体会到德国保守势力的顽固与市侩精神的卑劣。后来，他在音乐实践活动中不止一次与之产生冲突，但又无法与这种现实彻底决裂。为此，他陷入了矛盾的旋涡之中。尽管如此，从小就把发展音乐艺术视为己任的门德尔松又下决心投身于音乐启蒙活动。从 1830 年起，作为一流作曲家、演奏家的门德尔松又以音乐启蒙主义者、音乐社会活动家的身份活跃在德国乐坛上，为促进音乐文化的发展、提高全民的艺术素质鞠躬尽瘁。

1833 年，门德尔松应邀担任杜塞尔多夫市莱茵河下游音乐节的指挥，音乐节的演出十分成功。在杜塞尔多夫日报上，评论家高度评价了这次音乐节，认为这次音乐节的演出质量远远超过历届的音乐节，这完全归功于音乐节的指导门德尔松。他在杜塞尔多夫市的两年里，组织并指挥上演了许多古典音乐名作，使该市的音乐生活充满生气，水平亦逐渐提高。他还革新了传统的乐队指挥法。这不仅提高了乐队的合奏水平，还为现代指挥法奠定了基础。

1834年夏末，莱比锡极有威望的布业会堂乐队聘请门德尔松为主要指挥，他对此职位十分满意。被誉为巴赫之城的莱比锡是德国文化的中心、出版业的中枢，以及最大的工商业城市。歌德曾把莱比锡称为“小巴黎”。1835年10月，门德尔松来此就任新职。此时，舒曼已活跃在莱比锡乐坛，并创办了《新音乐杂志》。门德尔松与舒曼成为至交。他来此地后，竭尽全力把这座文化名城变成欧洲的音乐之都。他着手的第一件事，便是给布业会堂乐队队员加薪，保证乐队队员有较好的生活条件。再加上训练、指导有方，使这个乐队在几年内就成为欧洲最好的乐队之一。接着，他的注意力又转向举办纪念巴赫的活动。他在圣托马斯教堂举行了一场管风琴音乐会，节目包括《c小调受难乐》等。舒曼谈到这场音乐会时，赞美门德尔松对巴赫作品的深刻理解。他说，当一位大师表现另一位大师时，没有比在音乐中表现出双重优势更伟大的了。门德尔松为了活跃全市的音乐生活，组织了一系列内容丰富、题材广泛的音乐会。如贝多芬作品音乐会，巴赫、海顿音乐专场，莫扎特交响乐和舒伯特最后一首交响乐的演出等。他还组织演出了同时代的作曲家希勒、达维德、加德、舒曼等作曲家的作品。他还欢迎李斯特、肖邦、柏辽兹、莫谢莱斯、安东·鲁宾斯坦来此地演出新作。1835年至1841年，门德尔松为使莱比锡的音乐之花盛开，消耗了他的绝大部分时间和精力。在音乐社会活动取得成功的同时，他还创作了不少杰出的作品，如《第二钢琴协奏曲》(Op.40)、《第二交响曲》(Op.52)、《降E大调弦乐四重奏》(Op.44)、《d小调钢琴三重奏》(Op.49)、《无词歌》第二集至第四集(Op.30、Op.38、Op.53)、清唱剧《圣保罗》(Op.36)等。

在繁忙的音乐工作中，门德尔松与塞西尔·耶安伦瑙特的美满姻缘是其中一段抒情的插曲，也是作曲家幸福人生的又一高潮。法兰克福改革派教堂牧师的女儿塞西尔是一个美丽、温柔的少女。她柔美的金发、湛蓝的眼睛、楚楚动人的身姿独具风采。她恬静、安宁的性格，纯朴、自然的举止，令年轻、英俊的门德尔松着迷。1836年9月，他们签订了婚约。翌年3月，在法兰克福的教堂举行了结婚仪式。他们没有出国旅行而是去弗莱堡度蜜月。这段诗情画意的生活都记录在他们的日记中。如塞西尔写的一段日记:“星期一，我不太舒服，躺在床上和睡椅上。费利克斯细心地照料我，像妈妈一样宠着我。这一天晚上，天气好极了，没有雾幕遮盖的壮丽风景展现在我们面前。我们躺在环绕教堂的幼树下，在薄薄的草地上唱歌、跳舞，彼此爱得更深了。”在蜜月中，门德尔松还专门为塞西尔创作了一些愉悦、轻快的钢琴小品。

1843年，门德尔松在莱比锡创办了德国第一所音乐学院。他亲自执教并聘请了不少优秀的音乐家来此任教。如小提琴家达维德、作曲家加德和舒曼、钢琴家莫谢莱斯等。门德尔松作为钢琴和作曲教师对教学十分认真、严格。他坚持不把有才能的贫穷学生拒于门外，并设立奖学金奖励有天赋的学生。在第一批有机会获得奖学金的学生中，就有后来杰出的小提琴家约阿希姆。门德尔松对他非常赏识，亲自为他的演奏弹伴奏。这所欧洲一流的音乐学院培养了不少人才，推动了欧洲音乐教育事业的发展。

应接不暇的音乐社会活动、创作和演出活动耗尽了作曲家的精力。周期性发作的头痛病和神经衰弱又使他的身体日渐虚弱。再加上姐姐范妮的早逝给了他致命的打击，使他无法再承担生活中的痛苦。门德尔松与姐姐范妮的感情可算得上悲喜与共、休戚相关，他内心的一切都要向姐姐倾诉。1847 年 5 月 14 日，范妮在音乐会的预演中突然失去知觉，当晚十一点便去世了。门德尔松一听到这个消息就病倒了。他认为范妮的关心和爱已成为自己生命的一部分，她的离去，使世间的一切对他来讲都变得毫无意义了。为了使他的身体得到康复，亲友们陪他一起到瑞士度假。表面上，他似乎好转了，但实际上他已听到了死神的脚步声。在人生的旅途上，门德尔松又挣扎了几个月，最终在1847年11月4日告别人间。

在1842年至1847年这最后的岁月，门德尔松的艺术创作达到了炉火纯青的地步。他的《苏格兰交响曲》（Op.56）、《e小调小提琴协奏曲》（Op.64）、戏剧音乐《仲夏夜之梦》（Op.61）、清唱剧《以利亚》（Op.70）、《c小调钢琴三重奏》（Op.66）、《f小调弦乐四重奏》（Op.80）、《无词歌》第五集至第八集（Op.62、Op.67、Op.85）等均在此期间创作，并成为传世杰作。

创作特征

门德尔松生活、创作的时代，正值欧洲资产阶级兴起、各民族意识觉醒、德国进步力量积极斗争、浪漫主义思潮遍及全欧的时代。自由民主思想、浪漫主义精神使欧洲音乐艺术出现了新的风貌。这些都触及着门德尔松的心灵，推动着他的音乐实践的发展。他十六岁时创作的《降E大调弦乐八重奏》已呈现出自己的创作个性。作品中德国古代神话的神秘色彩、生机勃勃的青春韵律，以及娴熟的技巧、华丽的笔触都体现出少年作曲家的非凡才能与浪漫主义倾向。十七岁创作的《仲夏夜之梦》序曲，是作曲家轰动一时的成名之作，它充分地显示出门德尔松作品中浪漫主义风格的特征。1830 年至 1833 年，作曲家创作的《芬格尔山洞》序曲、钢琴小品《无词歌》第一集、《意大利交响曲》等佳作反映了门德尔松的创作已进一步发展，题材更广泛了，内涵更丰富了，技巧更成熟了，生活气息亦更浓郁了。《芬格尔山洞》的浪漫主义幻想色彩、诗情画意的境界，被瓦格纳称之为“由一个伟大的风景画家创作的一幅水彩画”。门德尔松首创的钢琴小品《无词歌》既有生动的社会生活画面，又有丰富的内心世界的展现。栩栩如生的形象、优美别致的风格体现出作曲家创作抒情小品的突出才华。热情奔放的《意大利交响曲》则是其积极的人生态度、乐观洒脱的性格、旺盛的生命力，以及创作大型乐曲的高超技巧和魄力的集中体现。从这里亦可以看到作曲家既有精雕细刻的功力又有泼墨写意的才气。在作曲家 19 世纪 40 年代的作品中，我们可以发现其内涵更深刻、形式更完美，乐观的基调上呈现出悲壮、忧郁的色彩，还可以感受到他对现实社会的不满、对政治动荡的焦虑和对新观念的思考。1842 年创作的《苏格兰交响曲》较《意大利交响曲》包含更深的人生思索与更复杂的体验，时空跨度更大，风格亦更浑厚、悲壮。1843 年创作的戏剧音乐《仲夏夜之梦》和 1844 年创作的《e 小调小提琴协奏曲》以更高的水平集中展现出作曲家浪漫主义风格的创作特征。1846 年创作的清唱剧《以利亚》反映了宗教的献身精神。1847 完成的最后一部作品《f 小调弦乐四重奏》，是真正体现奏鸣曲式原则的杰作。其中所蕴藏的风暴与悲剧性的力量，反映了作曲家人生观及创作风格的变化。由此不难想象，假如门德尔松能多在世几年，或许他会写出一些更为深刻的作品。

总体上看，门德尔松的作品闪烁着启蒙思想和人道主义精神的光辉；蕴含德国民族音乐的精华；体现了古典主义美学原则与浪漫主义风格的结合；显示了情感与理智的均衡；展现出丰富的想象力、创造力与完美形式的统一。如果我们审视他的作品，从中寻找时代的呼声、社会的矛盾、民族的呐喊，的确会感到失望与不满足。他的作品与现实的苦难总是保持一定的距离。但是，其作品表现的纯真、诚挚的感情，积极、乐观的进取精神，人与大自然内在的交流，作品形式美的绝妙创造，诗情、画意、乐韵的交融，真、善、美的合一，正是他的音乐的真正价值。他的作品对人类精神的升华、情感的调节、智力与创造力的启迪会起到一定的作用。他的美学理想与哥白尼、开普勒、斯宾诺莎、牛顿、爱因斯坦所追求的宇宙和谐、有序、完美的哲学观也有某种一致性。

二、主要作品简介

音乐会序曲

音乐会序曲是专为音乐会独立演奏而创作的管弦乐曲，而非歌剧开幕前演奏的独立的单乐章乐队作品。许多音乐会序曲采用奏鸣曲式，融合了古典形式与浪漫风格，保留纯音乐的严格形式；另有些实际上接近交响诗体裁，与文学、历史的情节性，大自然景色的描绘性主题相连。

门德尔松继承了贝多芬、韦伯的管弦乐创作传统，首创了较为成熟、完整的音乐会序曲这一音乐体裁。他写的序曲既有独特的生活体验，又有浪漫主义的幻想气息。技巧高超、笔法细腻、色彩丰富，并具有交响诗的性质。他一共创作了七首管弦乐序曲。最早的一首是十五岁开始写的《和声音乐序曲》(Op.24)，而后是 1826 年创作的《小号序曲》(Op.101) 和著名的《仲夏夜之梦》序曲。从 1828 年起，他又陆续创作了《芬格尔山洞》、以歌德的两首诗命名的序曲《平静的海与幸福的航行》(Op.27)、取材于法国传奇的《美丽的梅露西娜》(Op.32)，以及为雨果同名剧创作的《吕布拉斯》(Op.95)。

《芬格尔山洞》

《芬格尔山洞》序曲的乐思产生于苏格兰之行。1829 年 8 月，门德尔松和诗人查理·克林格曼到位于苏格兰西部的赫布里底群岛旅行。其中斯塔法小岛的大洞穴十分壮观，吸引了不少游客，芬格尔山洞则是最有名的一个。芬格尔相传为三世纪时苏格兰的国王，是苏格兰、爱尔兰传说中的一位英雄。芬格尔岩洞全长约 75 米，洞内绿色、金黄色的海草和苔藓带着雪白的石灰斑点覆盖着褐黄色与棕色的玄武岩石柱。波浪的哗哗响声终年不息，因而有人称它为“音乐之洞”。斯塔法岛荒寂、恐怖的景象，芬格尔洞的奇观，触发了作曲家的灵感和想象。《芬格尔山洞》序曲便是这种联想的结晶。门德尔松曾告诉音乐家希勒，形成序曲发展胚胎的基本主题及结构、色彩都受芬格尔岩洞风景的启示。作曲家在 1829 年 8 月 7 日写给姐姐范妮的信中也说：“为了让你理解我对赫布里底群岛那种不寻常的强烈感受，请看我的序曲。”

他以这一主题作为乐曲的开始和全曲结构的基础，在罗马完成了该曲的初稿。但是，他对初稿并不满意，进行了三次修改才最后定稿。序曲的第一次公演是在 1832 年 3 月 14 日伦敦爱乐协会的音乐会上。

这首序曲采用奏鸣曲式。主部主题由大管、中提琴、大提琴奏出，下行环绕的固定音型似上下起伏的层层波涛：

谱例 1

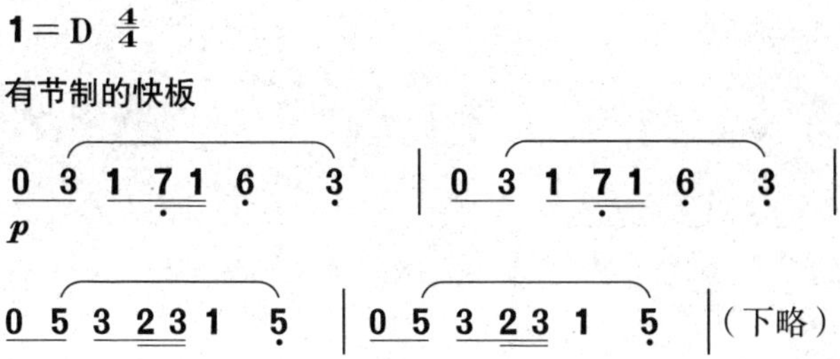

主题出现两小节后，大提琴的上行旋律与主题的音型形成高低两极向中间运动的趋势，仿佛是洞内的浪潮此起彼落，一波未平一波又起。曲首的音型逐渐由低向高移动，和声、音色亦更加明亮丰富，就好像洞外声声波涛在洞内产生更大的回响。千万朵浪花拍打着玄武岩的列柱，发出不同的鸣响，犹如巨大的管风琴在演奏。小提琴在高音区奏出的快速音型像海鸥在翱翔、欢叫、嬉戏。由木管乐器奏出的抒情插句在弦乐拉出的主题衬托下，带来一种新的情调：

谱例 2

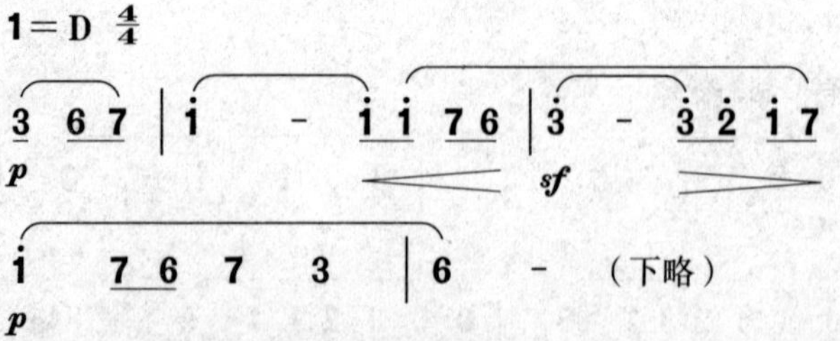

这似乎是作曲家面对景色壮丽的芬格尔洞穴，荒芜、沉寂的斯塔法小岛和水天一色的茫茫大海产生的一种内心的触动：说不上是身临荒岛的孤寂之感，还是对自然奇观的敬畏之情；是对壮美的赞叹，还是对其悲壮情调的思索。大管、大提琴在小提琴如碧波荡漾般的伴奏下，唱出悠扬、明朗的副部主题：

谱例 3

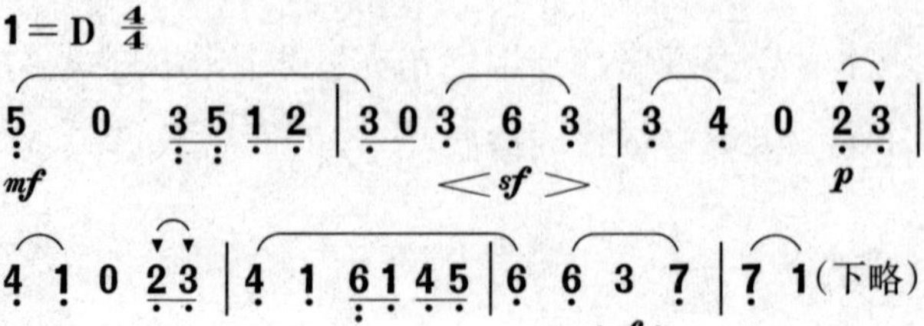

宛如阳光驱散了海面的浓雾，灰色的海水绽开了金色的浪花。突然，海浪喧嚣、海风啸啸，风暴就要来临。序曲的发展部，在海浪声中不时传来雄壮威武的号角声。作曲家大概从海上的风暴想到人间的斗争；从芬格尔山洞的名称想起了古苏格兰人的英雄业绩；想起了芬格尔的儿子——游吟诗人奥西安到处吟唱的民族英雄的战歌。作曲家的思绪在历史的烽烟中纵横，在充满幻想色彩的中古世界中飘荡，似乎看到了战士行进的身影、芬格尔挺拔的雄姿，听到了战马嘶鸣、刀剑铿锵。

简短的再现部在均匀起伏的波浪声中出现。单簧管奏出的轻柔、明媚的第二主题似艳丽的晚霞、黄昏的夕照。由欢快的双簧管引入的尾声，情绪愈来愈激昂。弦乐奏出的快速起伏的音型如海潮进退、心潮激荡。管乐部分坚定有力的音型与发展部英雄的召唤相呼应，形成全曲的第二个大高潮。最后，一切复归平静，大海也沉默了，留在我们眼前的是海天一色的深远的意境。

《芬格尔山洞》序曲犹如一幅色彩鲜明、情

调别致的风景画，一首充满浪漫主义幻想色彩的交响音诗。它是诗情、画意、乐韵的高度结合和统一。

无词歌

无词歌是门德尔松首创的一种器乐小品，在他的钢琴曲中占有重要地位。从1830年至1845年，他一共创作了四十九首无词歌，编成八集出版，每集包括六首，另有一首为大提琴和钢琴而作的无词歌（Op.109）。这些小品抒发了作曲家真挚的感情，反映了他对生活的热爱、对大自然的感受，集中体现了他的创作风格，以及浪漫主义作曲家追求器乐声乐化的倾向。

这些无词歌内容丰富、题材广泛，既有表现

劳动生活和日常生活的《纺歌》《摇篮曲》等生动的风俗小品，亦有描绘自然风光的《浮云》《春之歌》等优美的风景音画，还有抒发作曲家思想感情、生活体验的感人的抒情音诗。这些无词歌形象鲜明、生动具体。在《威尼斯船歌》中可以听到船夫抒情而略带感伤的歌声；在《葬礼进行曲》中仿佛看见步伐沉重的葬礼行列；即使在无标题的小曲中，作曲家也能用动人纯朴的曲调，鲜明地勾勒出清晰可感的诗意形象。

无词歌是作曲家抒情作品中的杰作。它们反映了作曲家丰富的体验、精细的感受、内在的激情和沉静的思索。我们还可以从中体会到作者欢乐的遐想和淡淡的愁思，不绝的哀伤和热情的倾诉。风格纯朴的无词歌与当时大量专门炫耀技巧的浅薄作品形成鲜明对比。它别具一格、清新优雅，以情动人、以美感人，具有曲调鲜明、织体纯朴、和声清晰、手法简洁的特点，一直为广大听众所喜爱。

《春之歌》

在门德尔松的无词歌中，《春之歌》（Op.62，No.6）是最出名的一首。它不仅是人们经常演奏的钢琴小品，而且还被改编成管弦乐和轻音乐广为流传。该曲以优美的小快板的速度奏出，高声部流畅欢快的旋律，中、低声部分解和弦式的装饰音伴奏织体，描绘出大地复苏、万物欣欣向荣的生动画面，表现了春天给人带来的美好、清新的感觉，以及人们迎接春天的喜悦情绪。

全曲共分三大段。第一段是全曲的基调。一

开始，钢琴在 A 大调上奏出两个近似的乐句：

谱例 4

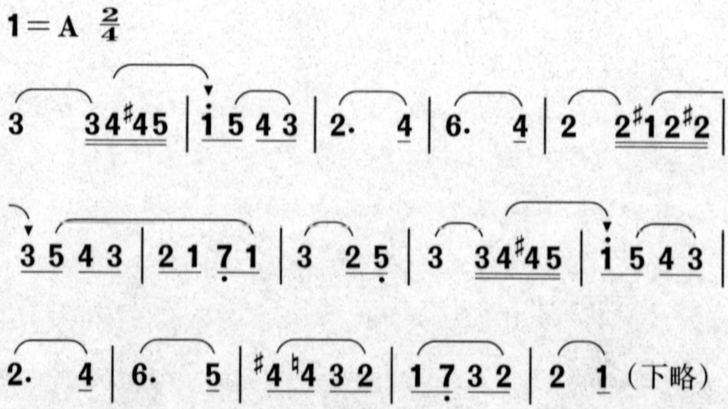

美妙、活跃的旋律，充满活力的伴奏织体，动听悦耳的和声刻画了春天的形象，并逐一展示出春天的动人画卷：小鸟鸣啭、小溪潺潺；新枝吐绿、春花含笑；清风吹拂、碧波荡漾；儿童在嬉戏、少女在欢笑……

第二段，在前面陈述的基础上旋律起伏更大，大的跳进增多，伴奏色彩更丰富，情绪更热烈，仿佛从对春景的描绘进入对春天的热情歌颂。

在一串明亮的经过句之后，乐曲进入第三

段。开始，钢琴以很轻的力度再现第一段的主题，好像以淡淡的色彩从远处为我们展现春天的画面。接着，乐句掀起了新的波澜，旋律线向更高的音域伸展，音量加大、力度增强、情绪高涨，达到了全曲的高潮：

谱例 5

1＝A $\frac{2}{4}$

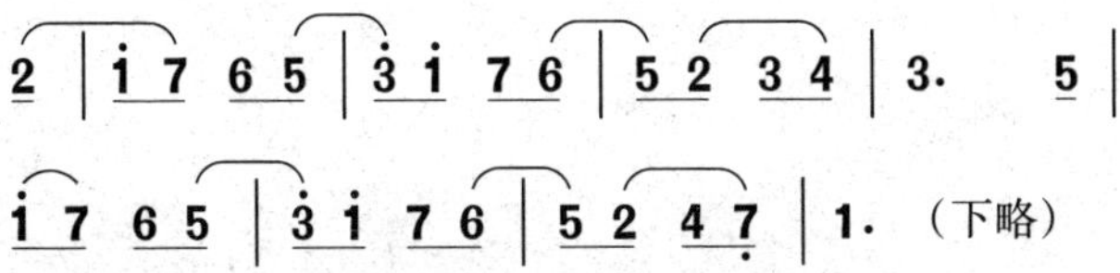

此时，浓郁的春天图景仿佛被近镜头拉入眼帘，情景交融、扣人心弦。美好的春天寄托着人们的希望，生机勃勃的春天显示了大自然和人类的力量。接着，第二段乐曲的片段在 A 大调上再现。在音色透亮的下行模进中，歌声越来越远，好似对春色的留恋，更像是对春意的回味。最后，一连串从低到高的上行琶音清脆悦耳，就像春风拂面而过，使人感到曲终声犹在，余音常萦回。

《E大调无词歌》

这首简洁的无词歌（Op.30，No.3），既可以看成是作曲家思索人生的内心独白，又可以联想为朋友间彼此心声的交流。总之，丰富的音乐语言、凝练的感情抒发，可任由欣赏者的思绪在作曲家提供的意象中驰骋。

乐曲采用单三部曲式。曲首以一连串从低到高的主和弦琶音作为引子，似起伏的思潮，似翩翩的浮想，亦似情思的抑扬。第一段第一乐句以下行级进与上行大跳交替进行构成的旋律线，附点音符和切分音的节奏，以及停留在不稳定的属和弦上的半终止，形成了一种询问的语调。尤其是句尾半断奏音符的处理与下行二度音型的设计，表现了作曲家在人生体验中的疑惑：

谱例 6

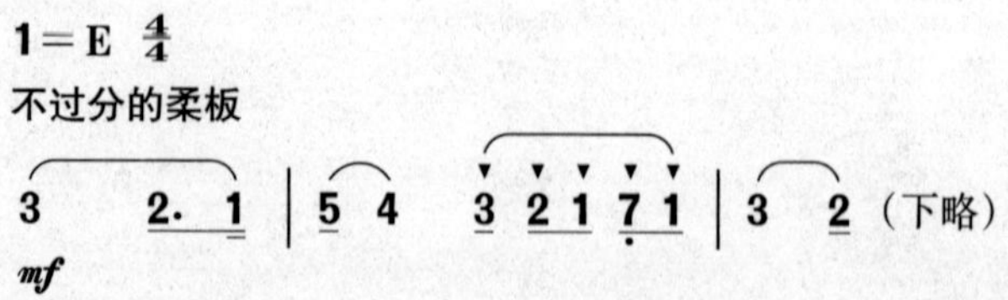

第二乐句以上行级进和大跳构成的音调与句尾附点音符的节奏，以及结束在稳定的主和弦上的和声构成的答句，似乎是明确地回答了前句的疑问，表明了作曲家对人生、生活的积极态度：

谱例 7

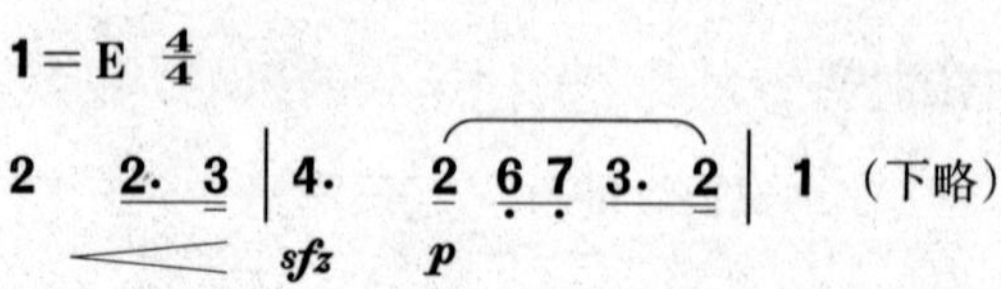

第三乐句上行、下行大跳的旋法和更加不稳定的和声效果使询问的语气更为激烈：

谱例 8

中段以抑扬起伏的旋律线来展现内心的激荡思绪，似乎是疑问并未消除，对前面的答案并不满足：

谱例 9

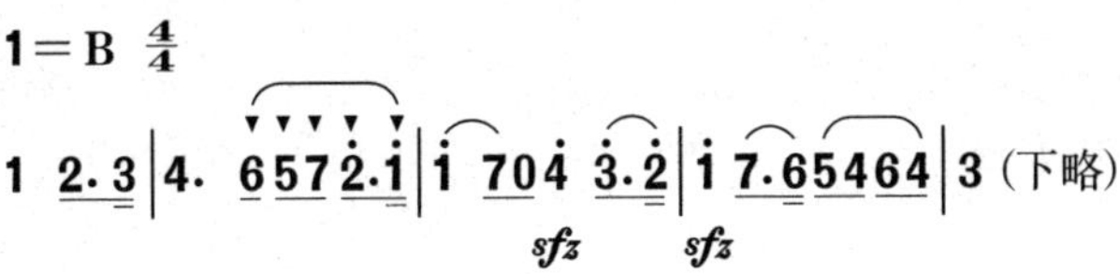

在第三段的变化再现中，作曲家又一次提出了疑问，答句如前，没有变化。这时提问者不禁发出呼喊了：“是这样的吗？答案真是这样的？”

谱例 10

1＝E $\frac{4}{4}$

5　5. 6 | 7　–　5　5. 6 | 7　–（下略）

sfz <　　　　*sfz* <

答案没有变化，仿佛这是命中注定，不可改变的。尾声又响起了引子那一串翻滚向上的分解和弦。作曲家仍在思索，缕缕思绪融入茫茫的思潮中，无以穷尽。

《猎歌》

形象鲜明的《猎歌》（Op.19，No.3）是门德尔松无词歌中极为吸引人的一首。它的结构为ABA三部分。

引子部分，向主音流动的琶音、明亮饱满的和弦，描绘出号角齐鸣、骏马啸啸、骑手奕奕、万箭待发的情景。

A段的主题，级进上行的旋律型和动力性的节奏蕴含着一种勇往直前的力量：

谱例 11

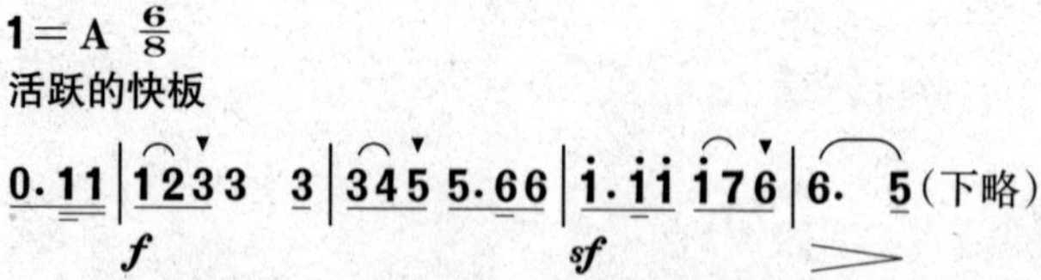

积极流动的音符勾勒出一幅猎手出征图：马蹄飞扬、烟尘滚滚，勇敢的猎手策马前进，出猎的号角声在召唤。属调上出现的主题音调更激越，情绪更高昂，表现出猎手们以不可阻挡的气势奔向前方。

B 段以丰富的色调表现了狩猎的情景。左右手交替奏出的号角声时高时低、此起彼伏，刻画猎人坚定、乐观性格的旋律在不同音区相互呼应，好似猎人的身影四处闪现：

谱例 12

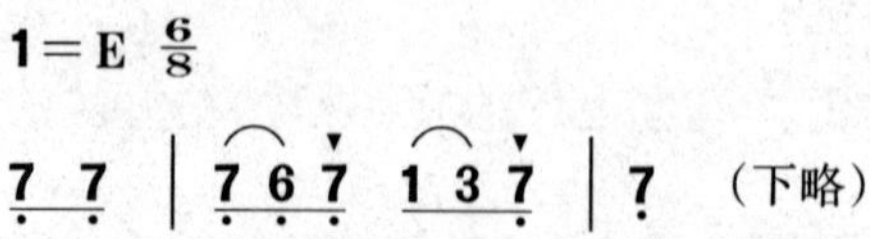

A 段的猎人主题再次出现，表现了猎人乘胜

追击，森林中、草地上刀光闪闪、枪声阵阵的情形。在号角声中，左手奏出坚定乐观的猎人主题，表现出猎手们满载而归的欢乐心情。真是“春风得意马蹄疾”，欢声笑语一路洒。最后，这支浩浩荡荡的队伍踏着落日的余晖，披着绚丽的晚霞越走越远，他们的身影汇入了无边的苍穹之中。

《威尼斯船歌》

门德尔松在1830年10月初到达威尼斯，这时正值秋天，美丽的水城处处染上了金黄的色调。在充满歌声的大地上，洋溢着欢乐的气氛。作曲家陶醉其中，不由得赞叹起来。运河上飘来深情而略带忧伤的船歌，歌声流入他的心田，触发了他的创作灵感。他在这里写下了他的第一首威尼斯船歌（Op.19，No.6）。继而，他又在1833年和1842年完成两首威尼斯船歌。这三首船歌格调各异、内涵不同。第一首纯朴柔美，惆怅的歌声和着秋光水色，别有一番秋思的情趣。第二首（Op.30，No.6）饱含深情，似有诉之不尽的情思，甘甜中夹着难言的苦涩。最为动人的是第三首（Op.62，No.5），它委婉、含蓄，又情意绵绵。

此曲采用再现单二部曲式。引子用上下起伏的分解和弦，展现出船桨划动、小船破浪前进的画面。A 段主题似船夫的轻吟，又似低声的倾诉：

谱例 13

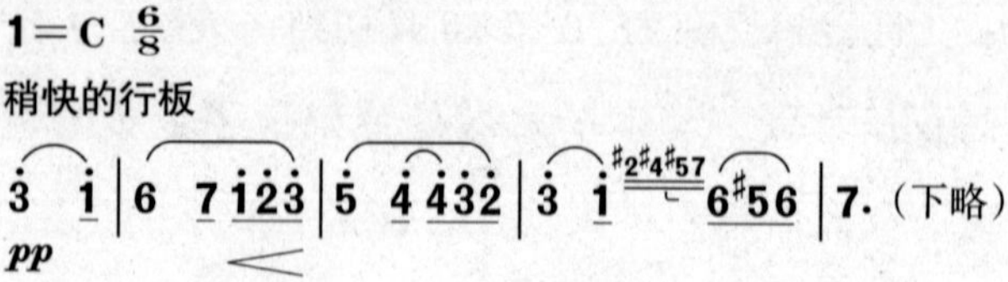

是回味恋情中的酸甜，还是感叹人生浮沉中的甘苦？在旋律中偶然出现的轻柔琶音，把歌声装饰得更有韵味。沉重劳动与轻柔歌声的鲜明对比，把现实生活的繁重、浪漫情感的抒发，叠印在一起，乐曲的层次更丰富了。

明朗抒情的 B 段主题在属音的大调上展现：

谱例 14

1＝E $\frac{6}{8}$

（下略）

一系列不稳定和弦的循序渐进使思绪愈趋激动，压缩的 A 段主题的再现，形成前后遥相呼应的框架。B 段的反复在明快音调中加进了主音持续音，使旋律更流畅、更有动感。轻柔优美的尾声令人想起波光粼粼的水面，盈盈明月的倒影。随着音流的远去，小船似乎已化入夜幕。动人的歌声还在风中吟唱，在人们心头飘荡。

协奏曲

“协奏”意为“协同演奏”。“协奏曲”，指一件（多件）独奏乐器与乐队竞相演奏的作品。早期的协奏曲，甚至包含多声部的合唱。器乐协奏曲的现代风格由莫扎特确立，他创作了近五十部运用不同乐器组合的协奏曲作品。协奏曲通常包含三个乐章，但也有不少例外。19 世纪以来的重要变化在于作曲家对华彩乐段的固定记谱，有的华彩乐段还有乐队伴奏。这样，协奏曲随着独奏者技艺的不断提高而臻于更高境地。

《g小调第一钢琴协奏曲》

1830年6月，门德尔松赴意大利途中，在慕尼黑停留。风度翩翩、才华横溢的青年音乐家受到此地上层社会各界人士的热烈欢迎。在音乐家的圈子里，十六岁的女钢琴家德里芬以她的特殊才能和美丽的外貌强烈吸引着门德尔松。他常常到德里芬家拜访，两人无拘无束地畅谈，兴致勃勃地一起弹二重奏，用音乐交流心灵的感悟。作曲家与钢琴家彼此之间真挚的友情，激发了他的创作灵感。他为德里芬创作了充满青春活力的钢琴协奏曲，以此纪念他们共度的美好时光。这部作品在罗马构思，1831年10月在慕尼黑完稿，据说是在三天内挥笔而就。10月17日由作曲家本人担任钢琴独奏举行了首次演出。

这首协奏曲（Op.25，No.1）是一曲青春的赞歌，是充满生命力的诗篇。从该曲丰富的内涵中，我们既可以感受到作曲家对青春的赞颂，对幸福的憧憬，和他与德里芬惺惺相惜的情谊，又可以了解到作曲家对意大利一切美好事物的缅怀。

门德尔松没有采用传统协奏曲双呈示部的结构，在协奏曲第一乐章中只用了一个呈示部。这种结构原则贯穿在他的其他协奏曲中，形成了器乐协奏曲第一乐章一个呈示部的新形式。他的钢琴协奏曲三个乐章，在结构上一气呵成，中间没有停顿，给人凝练统一的整体感。

第一乐章，奏鸣曲式。乐曲开始，先由乐队奏出从低音飞快级进上行的引子。随后，辉煌的钢琴乐段似喷涌而出的流水展现在听众面前：向上冲击的双八度、倾泻的琶音、洪亮的和弦。在乐队与钢琴气势澎湃的引子之后，钢琴奏出洋溢着青春活力、闪烁着生命火花的呈示部主部主题：

谱例 15

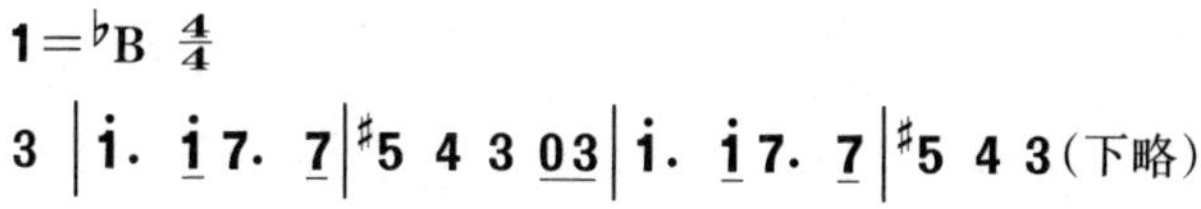

右手六度跳进接下行级进的旋律，左手环绕上行的八度，弱起节奏向强拍的冲击，附点音符的动力，使音乐充满不可阻挡的力量和生机勃勃的春天气息。接着，管弦乐队以全奏再次呈现出主部主题，比前面更明亮、灿烂，并且出现了新的因素：

谱例 16

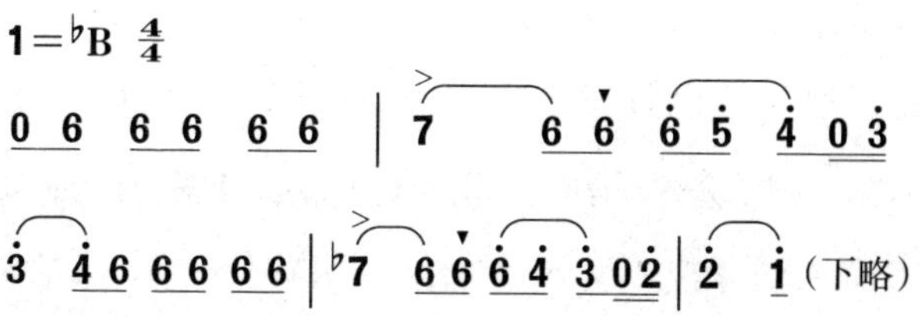

同音反复后二度下行的试探语气，级进下行后向上小二度的疑问语气，仿佛是掠过作曲家心头的疑惑。接着，乐队以坚定的音响肯定了对生活的积极态度。尔后，钢琴快速的上行、下行音阶又掀起了一次次不安的骚动与狂风般的冲击，均被乐队全奏一次次坚定前进的步伐打断。

在属音持续音上出现的副部主题，由钢琴在降 B 大调上奏出：

谱例 17

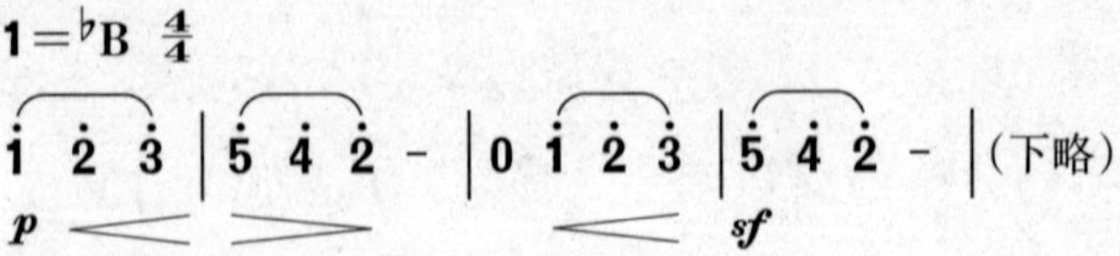

小波浪形的旋法、时值均衡的节奏，使其具有恬静、优美、抒情的特性。背景上连续不断的属持续音赋予这一宁静、甜美的主题不断向前的流动感。副部主题抒发了作曲家对幸福生活的向往和追求，对真挚友情的回味。也许，作曲家写到此，眼前不禁浮现出才高貌美的德里芬的倩影，以及他们共聚一起的欢乐情景。继而，副部主题在降b小调和降D大调上的模进，以及八度的重复，使这首优美的抒情曲更富有诗意。

发展部主要选取副部抒情主题及引子八度冲击的素材加以变化、发展。主部主题动机的附点节奏型亦不时出现其中。钢琴技巧在发展部中发挥得淋漓尽致。

再现部的引子大大缩减，在乐队渐强的音浪后，主部主题以全奏的形式出现。询问、探求的语调与坚定对答的因素显现得更集中、鲜明。副部主题在g小调上由钢琴奏出，与主部主题调性统一。当乐队重复奏出副部主题时，钢琴加花装饰的衬托使主题增添了更多的欢乐气氛。

简洁的华彩乐段，完全不是纯技巧的炫耀或无关紧要的点缀，而是全曲青春赞歌、欢乐浪潮的延续、发展与强化。

结束部明亮的管乐三连音不间断地导向第二乐章。在第二乐章前，那别开生面的钢琴宣叙调颇有内心倾诉的意味，使第一乐章与如歌的行板乐章衔接得非常自然。

第二乐章是连绵不断的思绪的展现，滔滔不绝的内心独白的抒发。这里既有对过去体验的追忆，亦有对未来生活的思索，是一曲过去与未来、此地与彼处，时空交织的抒情诗。

大提琴奏出的美妙主题委婉深情、感人至深：

谱例 18

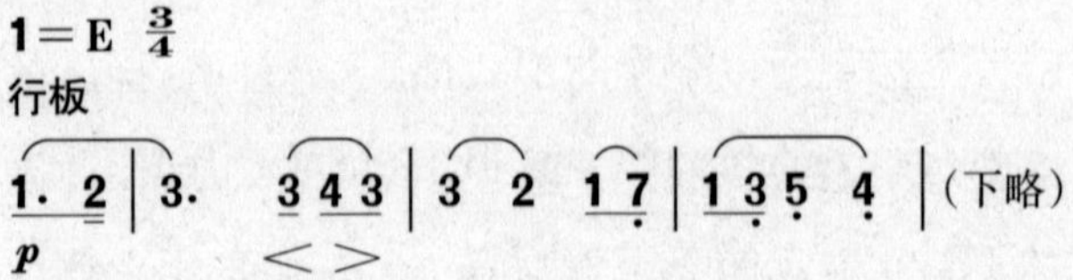

它好似对人生旅途、丰富历程的品味，对温馨友情的留恋，又好似对各处风土人情的追忆。钢琴再次奏出主题，装饰性的变化把它编织得更绚丽多彩：

谱例 19

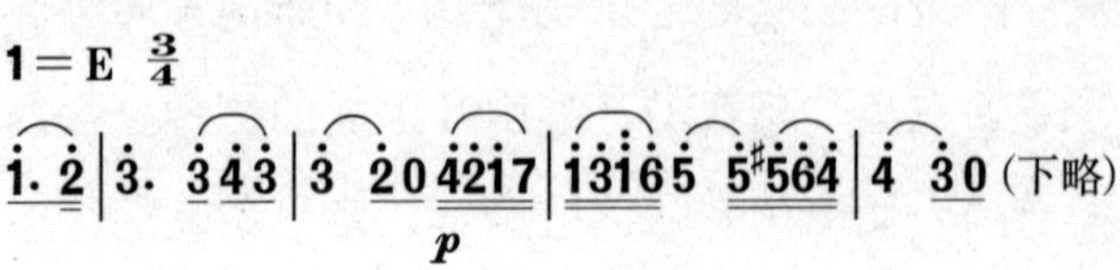

在宁静的回味中不时泛起了感情激荡的涟漪。继而，钢琴奏出一连串抑扬起伏的音型，使这一抒情的乐章更有情趣。特别是当乐队再现主题，钢琴作装饰性加花时，情感的抒发带有更多的幻想色彩。

第三乐章亦是奏鸣曲式。铜管奏出的长音与三连音交替的引子，推出了连续不断的钢琴下行分解和弦与上行琶音，掀起了情感的热潮。接着出现的主部第一主题朝气蓬勃、热情乐观：

谱例 20

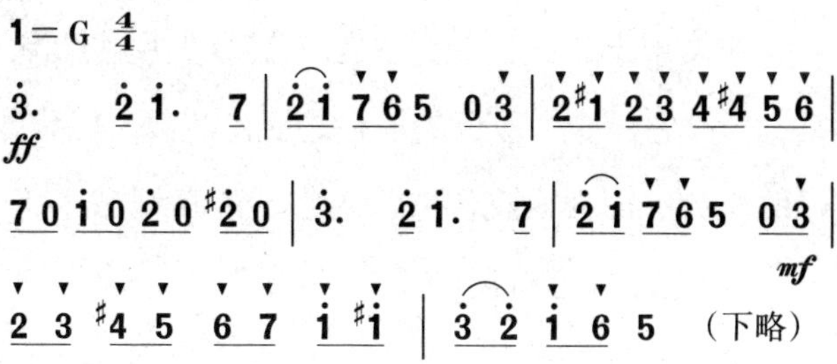

坚定、跳跃的节奏，急流而下又奔腾而上的旋律线，表现了作曲家积极乐观的生活态度。

连接部后出现的副部主题奔流不息，似无穷

精力在不断地释放：

谱例 21

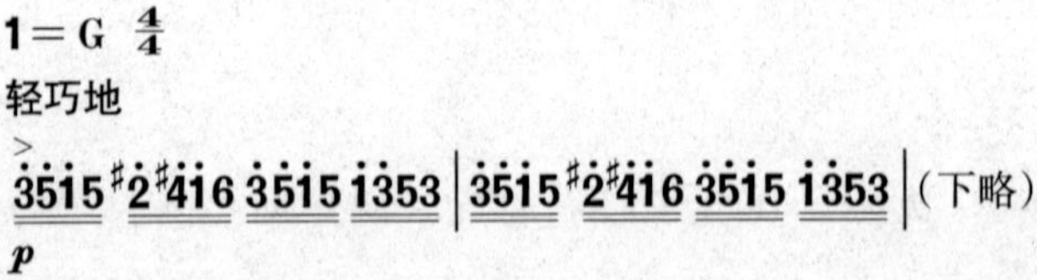

它使人联想起年轻的门德尔松在世界各地漫游的足迹，在欢乐的生活旋涡中旋转的身影：巴黎舞会上翩翩的舞姿；罗马大街上爽朗的笑声；古竞技场前的怀旧；赫布里底岛上的速写……

在发展部中，当主部主题在钢琴上变化出现时，一改它坚定、积极的性格，变得活泼、优雅，好似从另一侧面表现作曲家对生活的真诚态度。

再现部主题出现时更加明亮有力，充满热情。第一乐章的副部主题在这里再次出现，仿佛是友情的美酒使生活的火花燃烧得更炽热。接着，感情的暂时追忆被不断涌现的生活激流打断，上行、下行八度的冲击显示了作曲家对生活的热情。副部主题的变化再现及发展，使欢乐的基调更鲜明。

以副部的素材和第一乐章引子素材写成的结束部，掀起了结束前最后一次欢腾的巨浪。全曲在对生命、生活、青春的赞颂中结束。这首协奏曲自始至终洋溢着热烈的青春魅力与充沛的生命活力。

《e 小调小提琴协奏曲》

在全世界小提琴协奏曲的创作中，门德尔松的《e 小调小提琴协奏曲》可算得上是光彩熠熠的杰作。这首作品也是门德尔松所写的器乐协奏曲最出色的作品之一。

这首协奏曲是作曲家为他的老朋友——小提琴家费迪南德·达维德创作的，它是两位大音乐家友谊的硕果。早在 1838 年 7 月，作曲家写给达维德的信中就表示很希望为他写一首小提琴协奏曲，还谈到这首乐曲开头的乐思在头脑中不断盘旋以致其终日无法安宁。

门德尔松与达维德第一次相遇就一见如故、情趣相投。当时，达维德作为一位小提琴演奏家在音乐界享有很高的声誉。他把古典主义学派的严谨作风与法国传统的优雅风格，以及帕格尼尼的辉煌技巧结合起来，形成独树一帜的表演个性。门德尔松对达维德的才能亦十分钦佩并为他的创作风格日趋成熟而高兴。他在信中说到当时某些音乐家令人失望的状况：一部分人具有高尚的艺术趣味却能力低下；另一部分人有才华却志趣不高。当他发现真正有才能又有崇高理想的人时，真是由衷地高兴。他认为与达维德合作可以成功地表现内心的希望与追求。当达维德看到门德尔松完成的部分总谱时，就认为音乐写得很丰富、很成功，断言第二部伟大的小提琴协奏曲将要出现了（第一部是指贝多芬写的小提琴协奏曲）。门德尔松当即表示："即使我能完成这首协奏曲，也没有任何与贝多芬竞争的想法。"在创作过程中，达维德给作曲家提出不少中肯的建议。

作曲家对精心构思的协奏曲反复推敲、不断修改。当总谱送到出版商那里时，他仍然对某些细节进行了完善。作品完成于 1844 年 9 月，1845 年 3 月 13 日于莱比锡布业会堂音乐厅公演，由达维德担任独奏，丹麦作曲家尼尔斯·加德指挥。遗憾的是，当时门德尔松卧病在床，无法出席音乐会。

这首小提琴协奏曲是门德尔松丰富的人生体验的结晶和创作精华的荟萃。它以完美的音乐形式体现出的美好情思，叩动了无数听众的心扉。

第一乐章，奏鸣曲式。在轻柔而富于律动的弦乐背景衬托下，由小提琴唱出的呈示部主部主题好似甘泉喷涌而出，注入人们的心田：

谱例 22

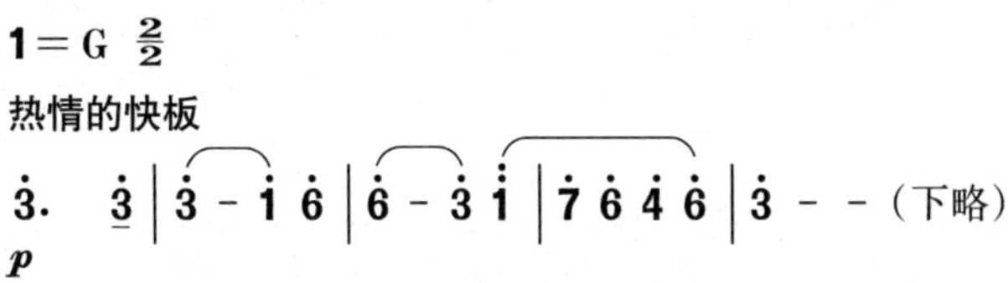

附点节奏与同音反复的旋律线形成一种急不可待、直驱向前的动感。两次六度音程大跳与级进

环绕音型的交替，使得感情的急流上下跌宕。当乐队全奏呈现主题时更增添了一种坚定、内在的力量。素材运用与主部主题有内在联系的连接部，以大跳与小二度交织的旋律线构成，使前面流露的情绪更急切、炽热：

谱例 23

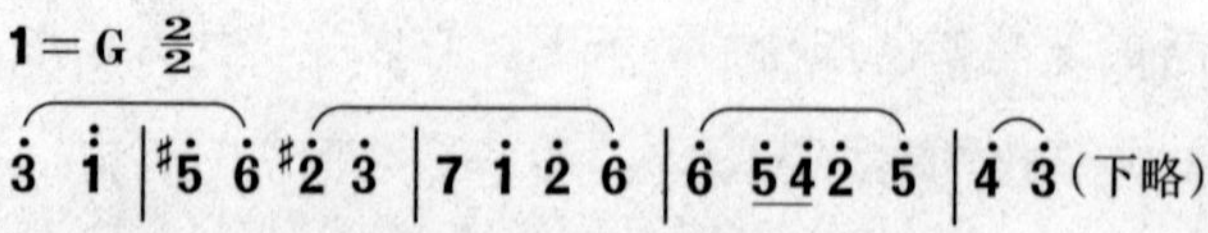

在独奏小提琴一次次向高峰冲击并到达顶点时，音流急剧向下似瀑布流向深潭，在持续的最低音上出现了一个亲切甜美的音调：

谱例 24

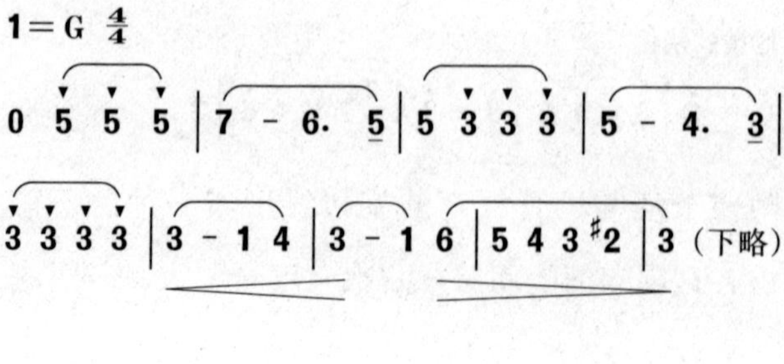

这个由长笛和单簧管奏出的副部主题，甘醇、静谧，似对幸福的回味、遐想，但又夹着一缕愁思。小提琴再次吟出的副部主题色调更加柔和、娇媚，情感起伏更大，仿佛平静的心境绽开了朵朵浪花。主部与副部没有强烈冲突和对比，只是从不同的角度与层次展现作曲家丰富的体验。

展开部以复杂的调性变换、绚烂的装饰性乐句，使人耳目一新。技巧辉煌的华彩乐段安排在展开部与再现部之间。在小提琴华彩乐句伴奏下出现的再现部更加富有光彩。在E大调出现的副部主题音区较呈示部更高、情绪更饱满、音色更透亮，宛如清风拂去了丝丝愁云，蓝天更纯净、生活更美好。多姿多彩的结束部把情绪推向更大的高潮，整个乐章在热烈的气氛中结束。

充满诗情画意的第二乐章充分展现了门德尔松多方面的艺术才能。他有画家捕捉大自然形象与神韵的眼力，又有诗人那种丰富的感受力与想象力。他不仅能用音乐来表达内心世界的变化，还善于用色彩来描绘大自然的千姿百态。在这里，他以诗意的笔触表达了他对大自然的热爱。

这一乐章为带插部的复三部曲式。A 段 C 大调的主题深情、舒展：

谱例 25

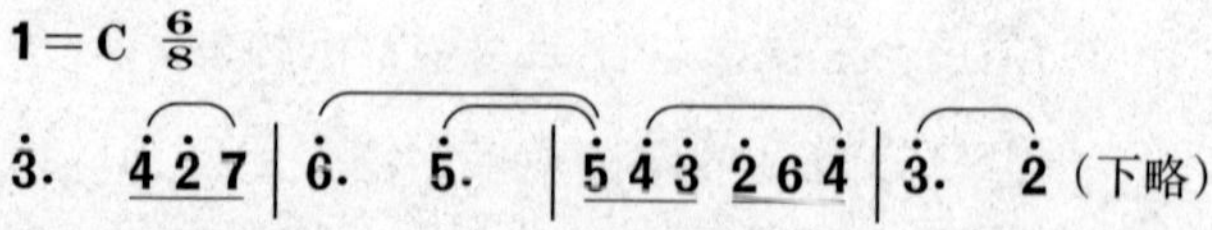

流畅的节奏、抑扬的旋律，抒发了作曲家对大自然的热爱与赞颂，令人联想起威尼斯海湾的韵律、泰晤士河的波光、瑞士湖畔的和风、苏格兰山谷的清泉。深情、优美的旋律凝聚了作曲家对大自然的整体感受与丰富的体验。

建立在不稳定的短促音型上的插部主题，气息急促而又略带忧伤与不安。它在旋律线、节奏型和情绪上均与前面的主题形成对比：

谱例 26

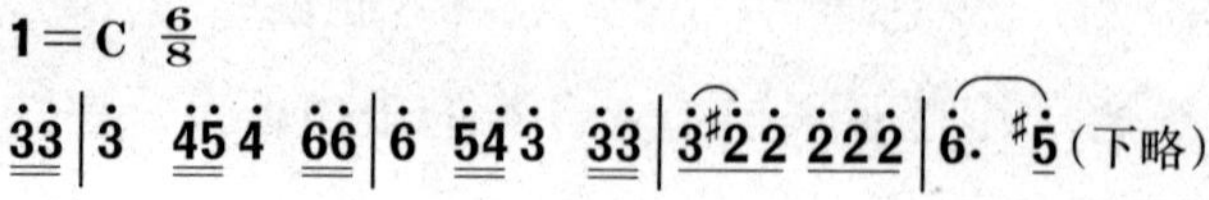

这似乎是作曲家心灵与大自然律动频频交流引起的思绪上的波动。他从大自然的无限中看到了个人的有限，在浩瀚的苍穹中感到自己的渺小，从而获得某些启示。这使人不禁想起门德尔松在贝多芬和舒伯特墓前说的话："坟墓结束了所有的努力，天才必须把他所完成的交予世界，然后爬到一个角落里死去。"在他充满幸福的一生中，只有疾病与死神的阴影遮住了他欢乐的阳光，他是否有了某些预感？

变化再现的 A 段更集中、凝练。经过一番哲理性的思索，他对大自然的感受更深了。

第三乐章是奏鸣曲式。引子的素材与第一乐章主部主题、第二乐章中段主题都有联系，在情绪上更有内在的勾连。这意味深长的内心独白为主部主题的出现起到了铺垫作用。在乐队雄壮有力的乐句与独奏小提琴几次对话之后，轻快、飘洒的主部主题跃然而出：

谱例 27

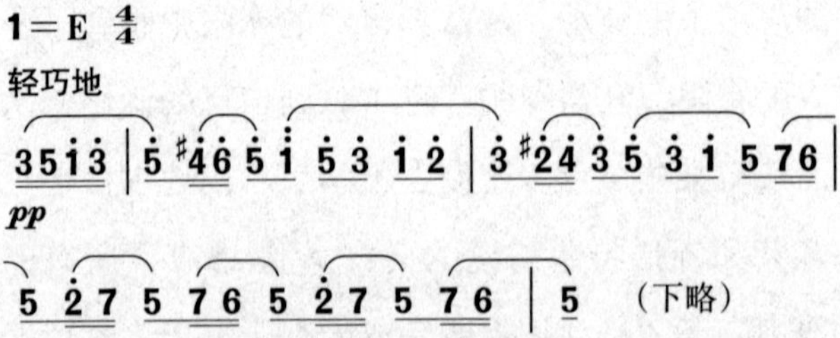

这一主题与《仲夏夜之梦》序曲中的精灵主题及谐谑曲中的精灵形象有异曲同工之妙，但又较之多一些现实的生活气息及内在的执着精神。这一生机勃勃、充满活力的主题，既表现出门德尔松的机敏才智、洒脱风度及幽默性格，又表现出他艺术上的灵气和浪漫主义的情趣。

副部主题洪亮、华丽的音色，跳跃、坚定的节奏，欢乐、明快的旋律，与其说是婚礼进行曲，不如说更像凯旋的进行曲，其中充满成功的欢乐与自我实现的满足。这是作曲家功成名就、辉煌一生的总结，也是他幸福人生的写照。这两个主题没有形成鲜明的对比，而是在情绪基调一致的情况下，彼此衬托、互相补充。

在展开部中，第一主题在不同的调性上展现为由气息宽广的抒情音调与跳跃轻盈的主部主题构成的复调，在乐队与小提琴之间交织出现。经过简明、激昂的再现部，全曲在炽热的气氛中完满结束。

这首协奏曲在更高的层次上展现了作曲家以往创作的主要特征：蓬勃的青春活力、奇妙的幻想力和灵感；从大自然与人生思索中获得的感悟与体验；诗意的情趣与风景画家的笔触；辉煌的乐队色彩，以及凝练、集中的创作手法；均衡、协调的整体原则。它独特的艺术魅力似沁人心脾的芬芳，使人陶醉，让人久久不能忘怀。

室内乐

室内乐创作体现了门德尔松与生俱来的音乐天赋与才能。尽管他的室内乐作品数量不太多，但对作曲家创作道路的发展具有不可忽视的作用。他的室内乐精品可与前辈及同时代大作曲家的杰作相比，因而，有些评论家认为在弦乐四重奏的领域中，他可作为联结贝多芬与巴托克两位大师的重要中介。

门德尔松继承并发展了海顿、莫扎特和贝多芬等维也纳乐派室内乐创作的传统。他自幼便在这些大师的作品熏陶之下成长，他的作曲老师策尔特经常要求他按照海顿的四重奏模式去创作，去学习作品中赋格发展的手法、奏鸣曲结构的特点、四件乐器在时间与空间上的巧妙结合，以及音乐素材再现时焕发的新的光彩。对门德尔松室内乐创作影响最大的作曲家是贝多芬，在他的不少佳作中我们都可以寻觅到贝多芬的创作风格及手法的踪迹。

1821年春天，德国作曲家韦伯的学生贝内迪克特到门德尔松家造访。他看到十二岁的费利克斯俯在小桌子上，极其认真地写作。他好奇地问费利克斯在写什么。小门德尔松一本正经地回答："在完成一首新的钢琴与弦乐四重奏。"贝内迪克特走上前一看，发现总谱写得像一个熟练的抄谱师抄写的那样清晰、整洁。这首作品就是后来定为作品第一号的《c小调钢琴四重奏》。别看它出自一个孩子之手，它的第一小节的技巧，就已显露出小作曲家的卓越才能。每一件乐器的出现都有性格鲜明的动机，它们结合起来又那样自然、融洽，键盘乐器与弦乐均能安排得平衡、协调，作品中丰富的和声、转调的布局更令人赞叹。

在门德尔松室内乐创作历程中，不能不提到两位小提琴家的作用。1824 年，他结识了小提琴家爱德华·里茨，这对其在弦乐重奏创作技巧上的飞跃式前进有一定影响。1825 年，门德尔松在巴黎结识法国小提琴家拜罗特，为他展现了弦乐创作实践的广阔天地。作曲家早期写的不少充满创新精神的作品，都是在他鼓励之下完成的。

门德尔松早期所受的音乐教育，使他在弦乐的技巧、语言和音响方面比同时代的、偏爱键盘乐器的作曲家舒曼、李斯特、勃拉姆斯等掌握得更出色。门德尔松不仅可以作为一流的钢琴家、管风琴家登台表演，他的小提琴、中提琴的演奏也有一定的水平。他的朋友希勒曾经谈到，1829 年门德尔松在莱比锡担任四重奏和八重奏演出的中提琴手，尽管他在整整一年时间里没有摸过琴，但只要上场就能拉好。

门德尔松早期的室内乐作品是为了家庭成员和朋友在家庭音乐会上演出而创作的。虽然是非正式的音乐会，但演出要求很严格，同样具有一定水平。在这样的音乐实践中，他的创作才能得以迅速发展。他 1825 年 1 月 18 日完成的《b 小调钢琴四重奏》（Op.3）亦可列入作曲家最好的器乐作品之中。这首四重奏的音乐材料简洁、变化丰富、结构统一。作曲家把它奉献给歌德，大诗人欣然接受。

同年创作的《降 E 大调弦乐八重奏》（四把小提琴、两把中提琴、两把大提琴）标志着门德尔松的创作趋向成熟、深刻，也充分显示出他的创作活力和才华。一些评论家谈到这部作品时认为："这或许是任何少年作曲家所达到的最惊人的成就。在十六岁时，连莫扎特、舒伯特也没有写出比这更好的作品。"这部作品是为小提琴家爱德华·里茨二十三岁生日创作的，充分表现了少年作曲家的创新精神和独特的创作个性，是这类作品的成功范例。它具有壮丽辉煌的风格及弦乐交响乐的气派。作曲家在总谱上特别写明:“这个八重奏的所有乐器必须以交响乐管弦化的风格来演奏。”

该曲第一乐章，在颤动的切分音和弦背景上由第一小提琴奏出连绵起伏的琶音主题。具有冲击力的简洁鲜明的副部主题与之形成一定的对比。整个乐章充满青春的活力。第二乐章的主题纯朴如歌，随着乐曲的展开，流畅的音调汇聚成奇妙的对位音流。第三乐章是一首谐谑曲。作曲家的想象力与创造力在此得到淋漓尽致的发挥。它的灵感来自歌德的巨著《浮士德》第一部《瓦普几斯之夜的梦》。门德尔松的姐姐范妮谈到弟弟对这一乐章的结尾，印象特别深。这一结尾仿佛带我们步入云幕渐收雾欲敛，白晓升空天色旦；芦中树上风吹来，一切幻象都消散的境地。谐谑曲中晶莹的十六分音符、灵巧的拨弦、欢跃的高音与浑厚的低音相交织所创造的意境，给人无限的遐想。最后一个乐章滔滔不绝的乐思、奔腾向前的气势和不可抑制的青春活力具有强烈的感染力。

门德尔松创作的作品44号的三首弦乐四重奏是这类体裁中的佳作。其中，第二首写于1837年6月18日，同年11月17日由达维德四重奏组在莱比锡布业会堂音乐厅演出。这是三首四重奏中完成最早、价值最高的作品。第三首是1838年2月完成的。作品中流露的幸福感受与欢乐情绪说明作曲家正沉浸于婚后的甜美生活中。作品44之1是1838年7月完成的，是这一组重奏中最后完稿的一首，亦是作曲家最喜欢的一首。他从柏林写信给小提琴家达维德时谈道："我喜欢它，希望它亦同样令你高兴。"

1839年，作曲家创作的《d小调钢琴三重奏》与1845年创作的《c小调钢琴三重奏》是他的室内乐成就的顶峰。舒曼曾在《新音乐杂志》中撰文为作曲家的《d小调钢琴三重奏》喝彩。他认为：这首作品是当代三重奏的杰作，可与贝多芬的《降B大调三重奏》《D大调三重奏》和舒伯特的《降E大调三重奏》媲美。这首重奏处处流动着温馨动人的意大利式旋律。第一乐章，每件乐器各具特色又平衡、和谐地汇合成悦耳纯净的音响。钢琴部分具有协奏曲辉煌、华丽的效果。行板乐章类似一曲抒情、流畅的无词歌。充满活力的谐谑曲幽默、生动。最后一个乐章是具有强烈个性的回旋曲。舒曼对这首精美的作品赞叹不已，为此，他曾给作曲家送上“19世纪的莫扎特”的美称。

写于1847年的最后一首弦乐四重奏《f小调弦乐四重奏》是门德尔松为纪念刚逝世的姐姐而创作的。亲友们说服他去瑞士度假，以摆脱亲人离去的悲痛。迷人的湖光山色使作曲家的内心逐渐趋于平静，完成了这首佳作。此曲抒发了作曲家对姐姐的强烈怀念，以及失去亲人的哀伤，表达了作曲家美好的希望、深厚的感情，以及对人生的进一步思索。它既体现了作曲家早期作品的活力、灵气和成熟期作品的丰富表现力，还展现出内心世界的某种悲剧性色彩与震撼人心的戏剧性力量。这首作品已显露出作曲家风格变化的趋向，如果他能多在世几年或许会奉献给世界一批更丰富、更有深度的佳作。

戏剧《仲夏夜之梦》配乐

少年时期的门德尔松就已经通读过莎士比亚的戏剧，不止一次地梦想着为莎士比亚的不朽作品配乐，尤其是喜剧《仲夏夜之梦》。其中神话世界的奇妙色彩、诗情画意的独特魅力，以及明快诙谐的喜剧情调，曾激荡着他敏感的心灵、启迪着他丰富的想象。1826 年 7 月，门德尔松写信给范妮谈到，他为《仲夏夜之梦》创作音乐的大胆设想就要付诸行动了。8 月 6 日序曲终告完成，并于 1827 年 2 月 20 日在斯德丁的音乐会上初演。序曲充满着青春活力和清新气息，又体现了惊人的技巧和卓越的表现力，这首序曲公演时受到听众的盛赞，如今仍为人们称道。

十几年后，作曲家应邀为在柏林演出的《仲夏夜之梦》创作戏剧配乐。他以序曲的乐思为基础构筑全剧的音乐。他把握每场戏的主要矛盾冲突及基本情调，以生动鲜明的音乐意象来揭示戏剧丰富的内涵。配乐一共有十三段音乐，包括歌曲、幕间音乐、背景音乐、舞曲等。在音乐会上，一般只演出序曲、谐谑曲、间奏曲、夜曲和婚礼进行曲五首乐曲。这部戏剧配乐完成于1843年，同年10月14日在波茨坦举行首演。

为便于欣赏者更准确地把握配乐中的音乐，下面简单地介绍一下戏剧的情节：

雅典公爵忒修斯与阿玛宗女王的婚期已近。正当他们在筹办婚事时，老绅士伊吉斯带着他的女儿赫米娅和两位年轻的绅士来找公爵。他说，自己的女儿早已许配给狄米特律斯，拉山德却用诡计骗取他女儿的痴情，使赫米娅不肯顺从父亲的安排。如果女儿仍固执己见，就应按照雅典法律处死或终生幽禁在修道院。公爵要求赫米娅慎重考虑，到他与女王举行结婚典礼那天作出答复。随后，拉山德和赫米娅相约明晚在郊外森林会面，逃离雅典远走他乡。深恋狄米特律斯的海丽娜获悉这个消息，就前去向他通报。第二天晚上，仙王奥布朗与仙后提泰妮娅在森林里相遇，为一个侍童争吵起来，不欢而散。仙王为了报复仙后，指使专爱捉弄人的精灵迫克趁仙后熟睡时，在她眼皮上滴上神秘的花汁，使她睁开双眼时立即爱上眼前的任何东西。仙王与迫克正在商议，狄米特律斯与海丽娜恰巧来到林中追赶私奔的赫米娅。仙王为了帮助被狄米特律斯遗弃的海丽娜，叫迫克把花汁滴在负心青年的眼皮上，好让他回心转意。然而，迫克却错把花汁滴在拉山德的眼皮上，使他醒来后立即爱上站在面前的海丽娜，对爱人赫米娅置之不理。迫克又奔到正在林中排戏的手艺匠那里，把纺织工波顿变成驴头人身的怪物，并在仙后眼皮上洒上花液，使仙后醒来把波顿当作心爱的天使，对他殷勤备至。迫克高兴地把这一恶作剧报告了仙王。这时，狄米特律斯尾随赫米娅经过，仙王发现迫克刚才弄错了人，就让他重施魔法，使狄米特律斯疯狂地爱上海丽娜。于是拉山德与狄米特律斯为了海丽娜争吵起来，以致提出决斗。仙王和迫克设法使他们无法交手，并让拉山德恢复常态。两对情人终结鸳盟，与公爵同贺良缘。仙王与仙后也重归于好。

此剧以喜剧的形式、神话的色彩、离奇的情节，反映了莎士比亚对社会、人生与爱情透彻的领悟，具有深刻的哲理性。门德尔松的音乐则赋予戏剧更强烈的浪漫主义色彩，更鲜明的生活情趣和更美妙的诗意。

《序曲》

序曲采用多主题的奏鸣曲式，结构严谨。引子由木管轻轻奏出四个和弦，柔和、透明的音色，描绘了银光轻洒林中路，夏夜幽境烟朦胧的神奇、虚幻背景。接着，小提琴在高音区用断音奏出了呈示部第一主题：

谱例 28

1＝G $\frac{2}{2}$

很快的快板

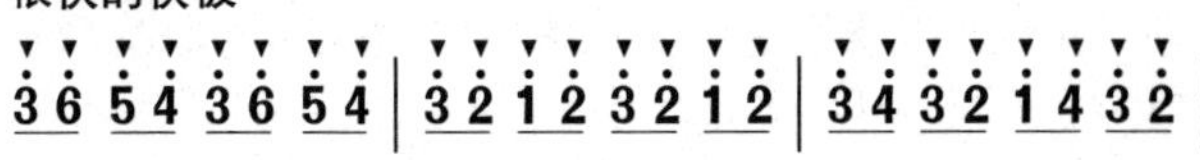

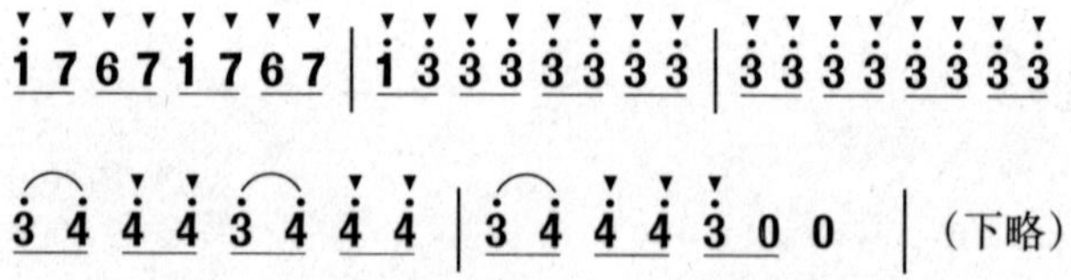

这一主题轻盈、灵巧、跳跃，描绘了精灵们在虚无缥缈的仙境中追逐、嬉戏，轻快得像是月光。这个精灵主题贯穿始终，它奠定了全曲的基本情调。其他主题与它交替、呼应、对照，构成有机的统一体。呈示部第二主题由乐队在E大调上以强奏展示：

谱例 29

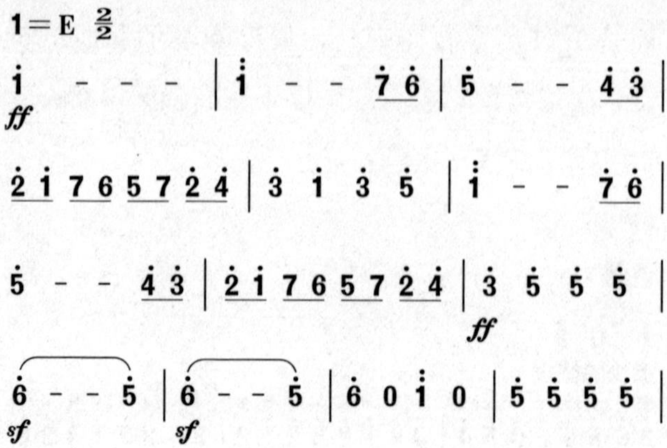

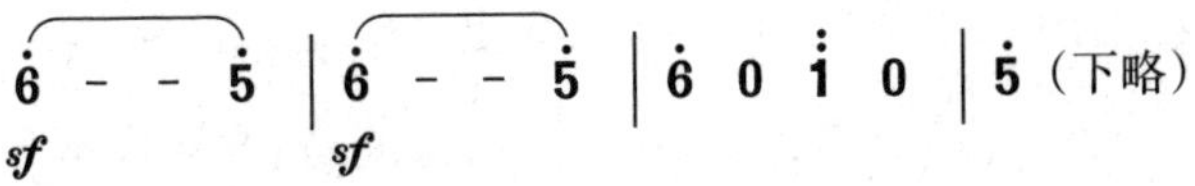

这一明快、欢乐的主题表现了仙王、仙后在小精灵们簇拥下欢腾起舞的场面。第一主题的基本音型不时与它交织呼应，使欢快的气氛被渲染得更加热烈。

象征爱情的副部主题优美、甜蜜：

谱例 30

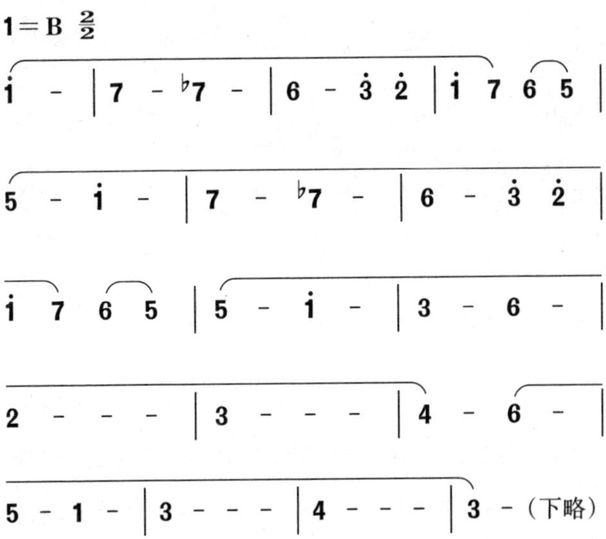

它先由小提琴在 B 大调上奏出，再由乐队全奏加以重复。这一主题运用时值较长的音符作半音下行，并伴以柔和、丰富的和弦，给人柔情似水、佳期如梦的缠绵甜美之感。时而插入的活泼、欢跃的小经过句使曲子保持着戏谑气氛，同时也暗示人们，在恋人的爱情生活中已渗入精灵戏弄的因素。

呈示部结束时，出现了乐队全奏的舞蹈性主题，具有幽默、谐谑的特征：

谱例 31

1＝B $\frac{2}{2}$

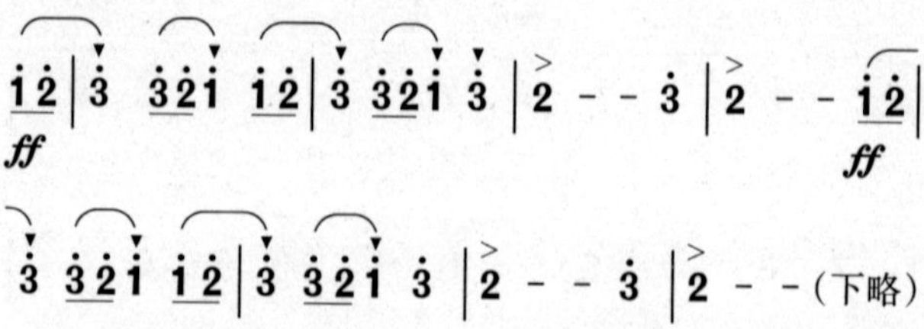

弱拍开始的不稳定动机和下行九度的大跳充满了滑稽、幽默的情调，使人联想起莎士比亚剧中小精灵迫克那种爱捉弄人的调皮性格。他一手挑起

了几对恋人的冲突，又在一旁暗暗得意。

展开部以精灵主题的材料为主，着意刻画虚幻的神仙世界。灵巧、轻盈的经过句时而在弦乐高音区跳跃，时而又在低音区急旋。管乐的短促和弦不时出现增加奇幻的色彩。精灵主题在各个调性和各种音区驰骋跳跃，描绘了在广阔天地中欢舞、嬉戏的小精灵的可爱形象。结尾处爱情主题的片段出现，带有忧郁、哀伤、叹息的意味，反映了在精灵捉弄下，爱情波折层出不穷，恋人们陷于痛苦之中。

再现部从引子的和弦开始。精灵主题在 e 小调上出现时更为飘洒。背景的衬托色彩亦较前段丰富了。爱情主题在 E 大调上再现时充满明朗热情的情绪，反映了相爱的人们重归于好、终成眷属。滑稽主题亦在 E 大调奏出，音色更为饱满。大跳音程更加扩大，从九度变为十度、十一度，更富于幽默的情趣。仙王、仙后的主题以延长音值的形式庄重出现，精灵主题与之呼应，爱情主题的片段也交融在一起，形成了全曲的高潮，展现了皆大欢喜的喜剧场面。接着，精灵主题再一次在 e 小调上出现，恢复了乐曲开始时那种虚幻缥缈的气氛。随后，管乐奏出一连串长音和弦，仙人们消失于夜幕之中。延伸了的仙王、仙后主题柔和深情，好似他们和好如初、携手而去，只剩下淡淡的月光与郁郁的森林默默相对。

《仲夏夜之梦》序曲音乐主题鲜明、生动、富有个性，音乐发展线索清晰，材料运用既统一又有变化，和声既纯净又富于色彩，配器手法高超。它是门德尔松创作历程中的一个里程碑。难怪俄国作曲家柴科夫斯基赞叹：“它的新奇和所充满的灵感与诗意都达到了惊人的地步。”

《谐谑曲》

第二幕第一场幕后，在雅典附近森林的空地上，精灵迫克与另一个小精灵相遇。轻灵、飘逸的谐谑曲伴随着他们的对话，栩栩如生地描绘了越过了溪谷和山陵，穿过了激流和烟火，在各地飘荡、流浪的小精灵的神态。

谐谑曲采用奏鸣曲式，从不同角度，多方面地塑造了在神仙王国中繁忙工作的活泼、快乐的小精灵的形象。由两个长笛奏出了呈示部第一主题：

谱例 32

1=$^{\flat}$B $\frac{3}{8}$

活泼的快板

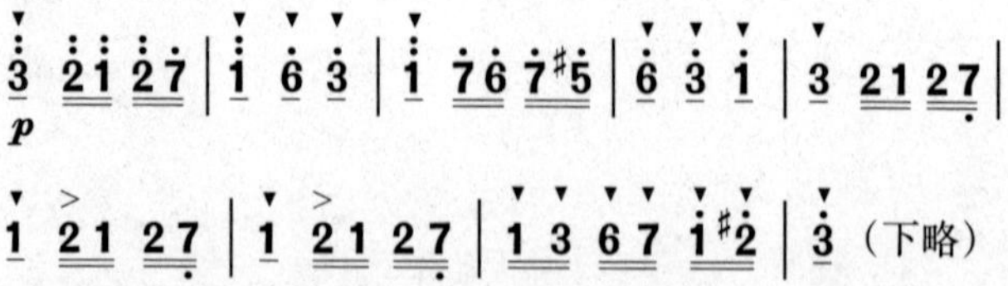

轻快短促的节奏，明亮跳跃的音型，勾勒出小精灵飘忽、轻盈的形象。单簧管与大管奏出的连接段的曲调由级进的跳音、连音，与减五度的大跳两种因素构成。明快的装饰音和跳音、连音的交替，以及带有滑稽色彩的减五度的大跳刻画了小精灵幽默、顽皮的性格。这一主题的旋法与序曲的幽默主题有内在的联系，减五度下行大跳的音调，令人想起淘气的迫克的神态和纺织工波顿变成驴子的叫声。它为全曲增添了诙谐的喜剧色彩，并对剧情戏剧性的变化作出了相应的暗示。小提琴以连续的快速音型奏出了副部主题：

谱例 33

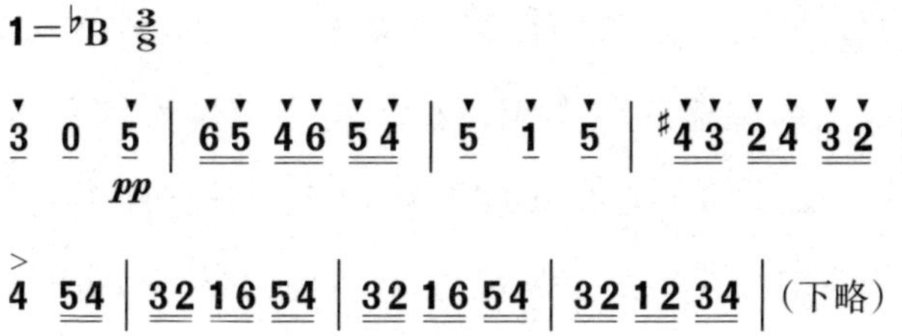

该主题以无穷动的音型展现了小精灵穿山越水到处游玩的欢乐情形。这几个主题具有跳动、欢快、轻巧的性质，从多方面刻画了小精灵的形象、性格、情态，使其具有丰富鲜明的立体感。

在发展部中，主部主题的核心动机从长笛移到单簧管、双簧管，又从中提琴落到大提琴、低音提琴，在不同音区以不同音色模仿，加上和声、力度、调性色彩的多种变化，使小精灵的可爱形象愈加鲜明。副部主题在降 E 大调出现后，连接部素材在各声部卡农式交错进行，使精灵活泼、淘气的性格得到反复渲染。继而，连接部主题片段与副部主题的动机结合在一起，相互衬托、互为补充。

再现部，主部主题在 g 小调再现，又很快转到 c 小调。接着，连接部、副部主题的特性音型与主部主题的节奏型，在不同音响层次综合出现，使小精灵的形象更立体、丰富。在结束部中，长笛的一连串快速跳音精致、洒脱，仿佛是飘逸的小精灵在花间追逐，在草地嬉笑，在云间飞舞，在雾海飘浮……结尾处，第一主题的动机再次出现，全曲首尾呼应，前后统一。

《夜曲》

在第三幕结尾，小精灵迫克对四个心情纷乱的恋人念起咒语、施加魔法，使他们在森林的草地上、在甜美的夜曲中进入梦乡。这首美妙动听的夜曲的结构是复三部曲式。

第一部分优美、柔情的主题由圆号奏出：

谱例 34

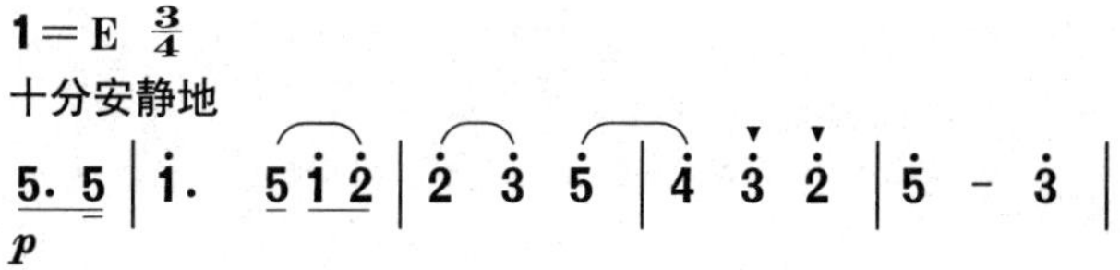

1̇ 7 1̇ | 1̇ 2̇· 3̇ | 4̇· 3̇ 2̇ 1̇ | 1̇ 7（下略）

以主和弦为骨干音，间插轻柔的经过音的旋律，明朗、委婉，乐句的情绪平稳、流畅。清淡、轻柔的和声如云托月，使柔美的旋律更加清丽。这一主题既表现了恋人们那神秘的梦境，又象征着恋人们沉浸于爱情美梦中的心境。第一部分 A 段的第一乐句是全曲的核心，后面均以此句的节奏、音型为发展的基础。第二乐句是第一乐句的变化重复。B 段第一乐句是 A 段第一乐句的变化发展。旋律的音程距离拉开了，和声色彩也更为丰富，句子的结构也有所扩充，延留音使情感的表现更有韵味。第二乐句是 A 段第二乐句的再现，形成带再现的单二部曲式。

第二部分是插部形式的中段。它以第一部分的素材为基础加以变化发展，使情感的抒发更有深度。这一部分虽出现了新的因素，但总的情绪与前面仍然一致，只是更加丰富与深化。

经过六小节的连接部，乐曲在不稳定的和声

中进入变化再现的第三部分。由圆号和双簧管再现第一部分的主题，柔美而明亮，和声背景更丰富、浓郁。从第三乐句开始，第一部分与中段插部的素材融合在一起，似乎是前面乐汇与情绪发展的总结。序曲中爱情主题的下行音调亦不时出现，使柔情蜜意的韵味更浓。结束句的气氛，预示着爱情的甜蜜梦境终将实现，亦为有情人终成眷属的结局做好铺垫。

《婚礼进行曲》

如今，在欧洲各国的婚礼仪式上，人们经常听到门德尔松创作的辉煌、灿烂的婚礼进行曲。这首进行曲成功地描绘了婚礼场面的欢乐气氛，集中地表现了人们陶醉在幸福情境中的喜悦和激动。一百多年来，它已经成为新人结合的神圣象征。这首婚礼进行曲就是喜剧《仲夏夜之梦》第五幕雅典公爵和阿玛宗女王结婚典礼一场的前奏音乐。

这首进行曲是回旋曲式结构（ABACA），整体为C大调。主部A是带再现的单二部曲式。它本身就是一首辉煌、华丽、典雅的进行曲，既有皇家婚礼仪仗队的气派，又有吉日欢腾的气氛。由小号奏出的引子，把盛大的婚礼场面一下展现在人们面前。乐队全奏的A段主题，明亮、绚丽、宏伟：

谱例35

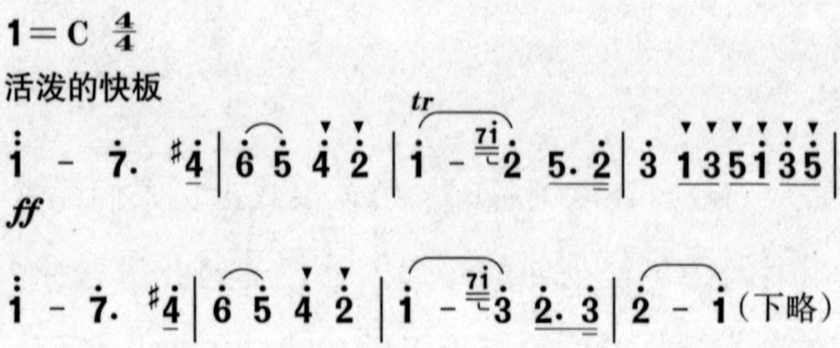

作曲家设计的旋律一反惯例，从稳定的最高音级进而下，然后又峰回路转向上攀登，造成情绪似千尺飞瀑奔泻而下，顷刻溅起无数浪花之势，给人以极大的感染力。B段主题明朗、坚定，富于动感：

谱例 36

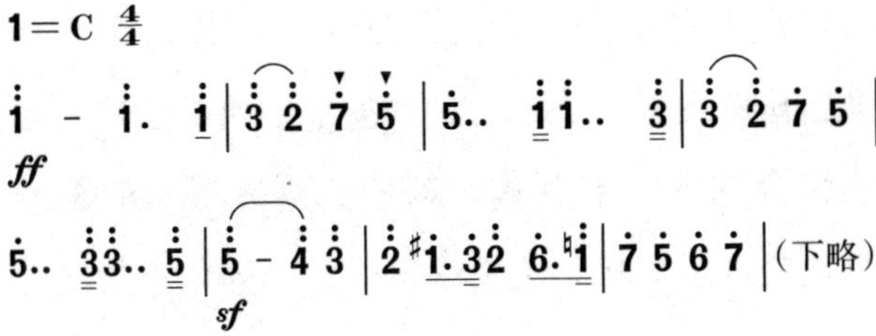

长音、切分节奏与附点音符的交替，同音反复、级进的旋法与大跳进行的互换，既描绘了庄重、威风的婚礼仪仗队的行进步伐，又揭示了新人内心对爱情、新生活的坚定信念。B 段之后是 A 段主题的再现，以形成均衡、对称的结构。

在属调 G 大调上出现的第一插部主题建立在主和弦及下属和弦的骨干音上：

谱例 37

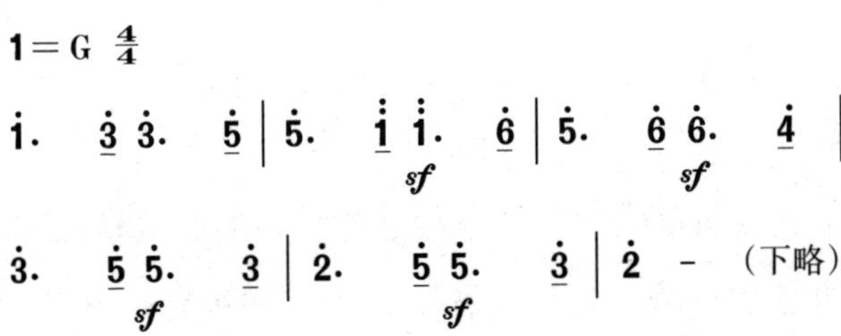

大三和弦的明朗色彩、附点音符的动力序进，描绘出新人双双向前走到圣坛接受祝福，婚纱飘扬、花瓣飞舞的情景。这一插部的四个乐句是起承转合的单一部曲式。第一、第二乐句完全一样，第三乐句转到关系小调形成不同色彩的调性对比，使压缩再现的第四乐句更加明亮、凝练。主部的第二次再现是压缩再现，只出现单二部曲式的A段。

第二插部C在下属调F大调上出现，主题抒情甜美：

谱例 38

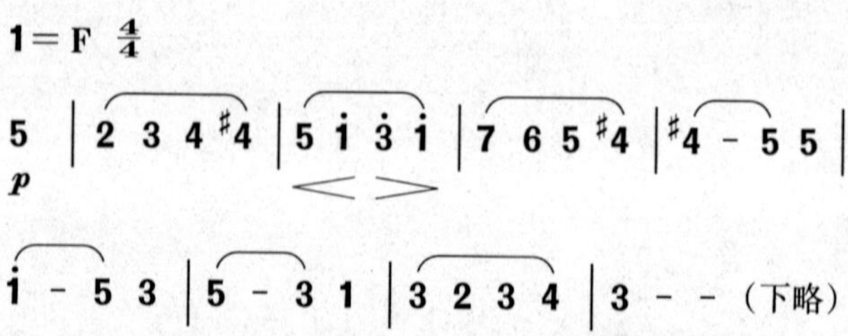

半音与级进的上行、下行旋律线条形成柔和起伏的感情波涛。它与主和弦骨干音的进行相交替，

既表现了恋人间的绵绵情意，又反映了他们对未来生活的追求和向往。

主部 A 的第三次出现是完全再现，但情绪更加热烈、欢腾。结束部运用引子材料及 A 部第一乐句开头动机的节奏，使欢乐的气氛更加强烈。它把婚礼的庆典导向最热烈的高潮，听众的情绪亦随之迸发，并与音乐汇合成不断高涨的热潮。

交响曲

门德尔松一生共写了十八首交响曲，前十三首弦乐交响曲是少年时期的作品。1821年，年仅十二岁的门德尔松一年中创作了七部交响曲，其中有两部交响曲是一个月内完成的。他为管弦乐队创作的五部交响曲除了第一交响曲是在十五岁完成的，其余均产生于创作的成熟阶段，其中以《苏格兰交响曲》和《意大利交响曲》最为著名。

《意大利交响曲》

《意大利交响曲》是门德尔松从意大利回到柏林后，于1833年3月13日完成的，5月13日在伦敦举行首演。这部交响曲反映了他对意大利的印象和感受。1830年，作曲家动身到意大利的途中，在魏玛再次与大文豪歌德相遇。歌德兴致勃勃地对他谈起自己游历意大利的体会，这不仅增加了他对意大利的兴趣，同时，大诗人敏锐的感受、丰富的体验也使他在观察意大利的风土人情时形成某种心理定式。当他在意大利认真阅读歌德写下的《到意大利旅行》一书时，发现两个人对许多事物的感受竟如此接近，不禁使他兴奋至极。

“这确实是一种极愉快的生活！”门德尔松在给亲友的信中，一提到意大利就抑制不住欢畅、喜悦之情。这里明媚的阳光、透明的天空、灿烂的鲜花激发着他的创作热情；古罗马的建筑、文艺复兴时期的名画触发着他的音乐灵感；还有狂热的罗马狂欢节、豪放的意大利歌舞，无一不在点燃着他灵感的火花。这一切都转化为《意大利交响曲》源源不绝的乐思，铸造了门德尔松最热情奔放的诗篇。

第一乐章采用奏鸣曲式。乐曲一开始，木管的光辉色彩似阳光在闪烁，使人置身于南国情趣的意境之中。接着，在小提琴的弦上奔泻而出的第一主题，好似狂喜的召唤、急切的向往：

谱例 39

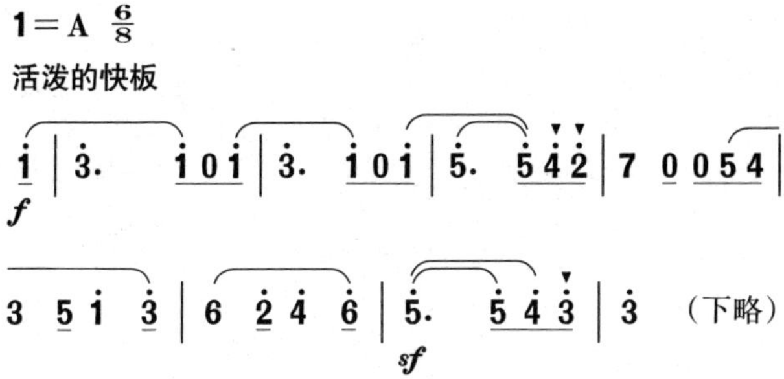

以 A 大调主和弦为骨干音的旋律线，以动力型节奏形成一种积极向上的运动态势，表达了作曲家踏上意大利国土的激动心情。正如他在信中讲的:“整个国家都有一种节日的气氛，使我感到自己宛如一个年轻的王子踏进它的大门。”木管组呈示的主题动机与弦乐器连续断奏的上行、下行音型形成呼应，仿佛表现了门德尔松初到威尼斯所接触到的各种新鲜事物。当弦乐与双簧管一起再现主部主题时，它的性质更热情，表现的感情更强烈与急切。

两只单簧管以柔和的平行三度奏出的副部主题明晰、优雅，两只大管低八度的演奏使音色更有层次。它表现了作曲家漫步在海滩、田野、画廊上悠然自得的心情：

谱例 40

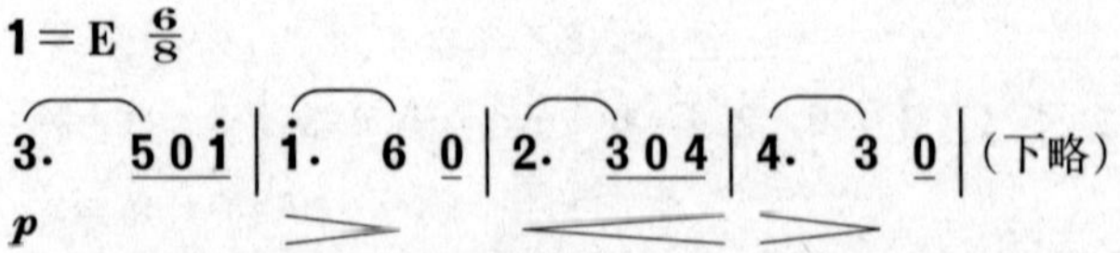

发展部开始，主部主题的动机在不同的调上展现。接着，弦乐演奏的赋格乐段又带来了充满乐观、自信情绪的新乐思。再现部笔触简洁明晰、色彩饱满。主部主题及发展部新材料的交织，集中概括出作曲家在意大利美丽的大自然、丰富的艺术和热情的民众中的心境：欢快、兴奋、沉静、自信。

第二乐章的引子那缓慢的附点节奏、平稳的曲调进行，展现了缓缓行进的宗教行列，由远及近的场面。它奠定了全曲凝重、深沉的色调。这个引子不仅出现在曲子的首尾，还作为连接段落在中部出现，成为贯穿全曲的基调：

谱例 41

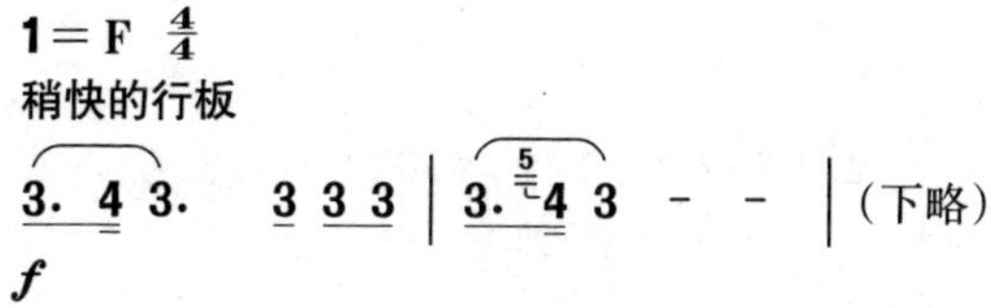

第一主题采用了一首类似宗教仪式歌曲的音调：

谱例 42

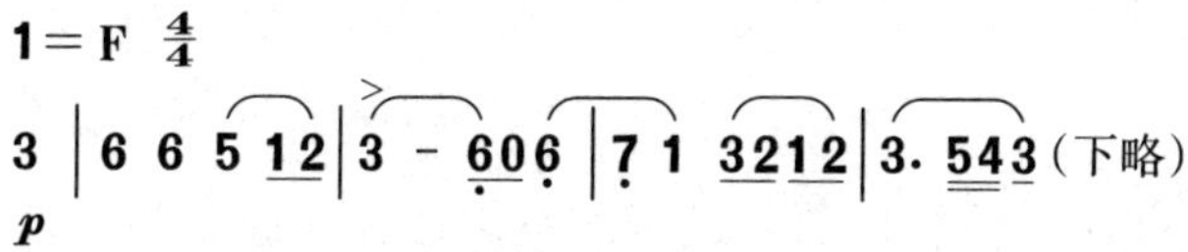

这首带有宗教色彩的哀歌，漂浮在低音提琴沉重的“步伐声”之上，好似信徒们用痛苦与悲伤凝聚而成的祷文。这莫非是作曲家在那不勒斯与罗马大街上看到的宗教信徒队伍，或者是记忆中教皇离世的送葬行列？当小提琴在高八度的音区上重复这一主题时，哀伤的情绪抒发得更强烈，甚至带有祈求与叹息的意味。

第二主题先由单簧管奏出，再由长笛与小提琴接着呈示，展现出纷繁起伏的思绪及种种期待：

谱例 43

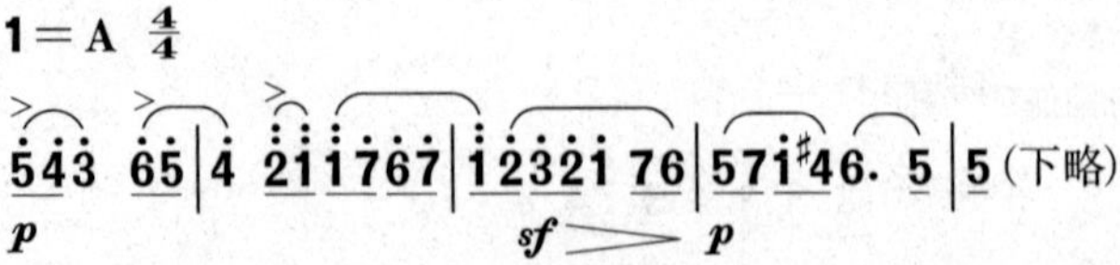

在简短的连接段后，第一主题又在新的调性上变化再现，小二度动机在愈来愈高的音区上反复出现，更具哀叹的意味。第二主题在 D 大调上的再现略带幻想的色彩与思绪漂浮的意境。结尾处引子材料的再次出现令人感到行进的行列越走越远，但信徒们若隐若现的歌声还在天边回荡。

第三乐章的灵感来自歌德的幽默诗《丽丽之园》。门德尔松在 1830 年 11 月 16 日给姐姐范妮的信中就谈道："我希望把《丽丽之园》转化为交响乐的谐谑曲。"歌德的女友丽丽·舍恩纳曼是法兰克福市银行家的独生女儿。1775 年元旦，青年诗人歌德应邀参加丽丽家举行的音乐会。他不仅欣赏丽丽演奏的钢琴，亦被她的气质和外貌所吸引。他们在进一步的交往中彼此倾心。为此，歌德写了两首情诗献给丽丽。尽管他们的感情与日俱增，但家庭的阻挠却使他们无法结合。歌德虽一度离开德国去旅行，却仍然无法摆脱对丽丽的感情，因而感到十分苦恼。正在这时，一年一度的法兰克福大集市开始了，丽丽家拥有著名的商馆，无数商贾富豪蜂拥而至。他们与丽丽交谈、叙旧，融洽相处，引起歌德的妒意，更增添了心中的烦恼。于是，他写出了《丽丽之园》这首诗，把那些商贾们描绘成丽丽猎获的各种奇珍异兽，在丽丽的魔力迷惑下簇拥在她的周围。歌德在《诗与真》一书中提到这首诗时认为："它不能表现出我俩当时缠绵悱恻的心境，而只是极力以天才的激越之调夸张表现我当时的不快，并以近于滑稽的苦闷的描写，把我的断念化成绝望。"

门德尔松在这首优雅的谐谑曲中表现的主要是诗中塑造的少女的优美形象、风趣的情调，以及少女的魅力，并没有深入揭示出诗人内在的痛苦与绝望。

这一乐章是带三声中部的复三部曲式。A 部由变化再现的单三部曲式组成。A 段的主题纯朴、优雅、柔美，令人想起歌德诗中描绘的佼美的仙女丽丽的动人形象：

谱例 44

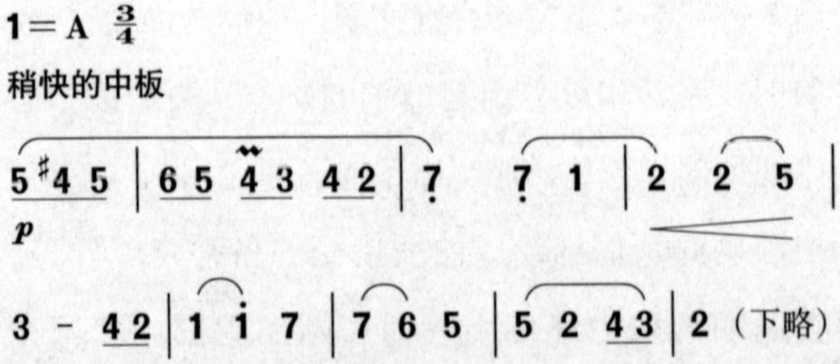

B 段的主题是 A 段素材的变化发展，较之更抒情与舒展，仿佛是表现《丽丽之园》的和谐气氛与活跃的景象。变化再现的 A 段仍是这种优美、愉悦情调的继续，它能使欣赏者联想起优美、恬静、雅致的景象。

有趣的三声中部略带戏剧性的色彩。大管、圆号奏出的坚定、浑厚、凝重的音调与小提琴、长笛跳跃、幽默的附点音符相呼应，形成鲜明的对照。作曲家似乎想在这里表现诗中粗野强壮的黑熊与温柔少女的嬉戏。中段管乐与弦乐刚劲节奏的交替显示出一种内在的力量及内心强烈的追求，使人想到歌德诗中以黑熊企图摆脱少女控制的挣扎来比喻自己冲出情网的企求。但挣扎是徒劳的，在再现的A段中，雄壮的音调已渐渐变得温驯、柔和了。

在完全再现的尾声中，中部“X XX X”的节奏型与A部抒情连绵的律动交织在一起，使作品在形式上更完美，在内涵上进一步深化，也使以柔克刚的基调更鲜明、突出。

第四乐章是萨尔塔雷洛舞曲。意大利语萨尔塔雷洛为跳跃之意，是一种快速、狂热的民间舞曲。在这个乐章快速强烈的音流中，我们的确可以感受到欢腾、强劲的舞曲节奏与气氛。同时，这里又集中了作曲家在罗马感受到的一些欢乐的情景。

这一乐章采用回旋曲式。乐曲一开始，听众就被卷入旋风般的快速、狂热的三连音节奏中，置身于热烈欢腾的舞蹈场面。接着，在弦乐三连音节奏的伴奏下，由长笛奏出跳跃、欢快的主部主题：

谱例 45

1＝C $\frac{4}{4}$

急板　萨尔塔雷洛舞曲

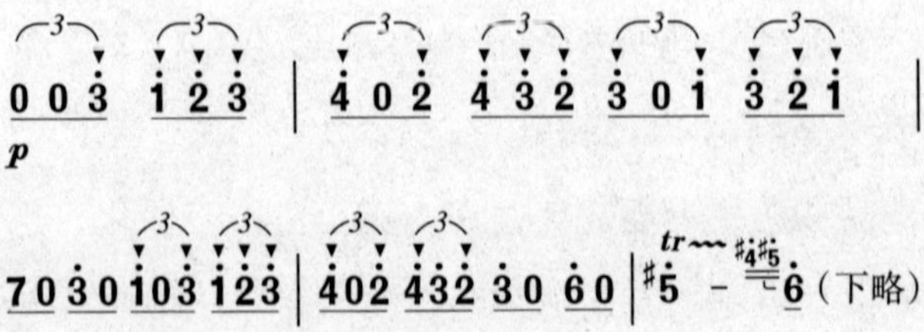

它表现了节日中青年男女粗犷有力的舞姿，无比欢畅的情绪和万众欢欣的景象。随着音乐的发展，第一插部带来了新的素材：

谱例 46

1＝C $\frac{4}{4}$

急板

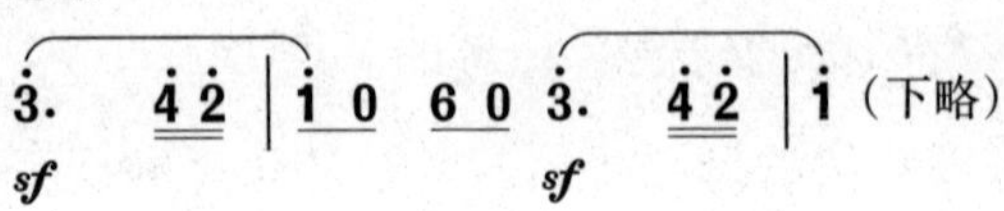

在此，我们仿佛看到姑娘们轻盈的身影、旋转的舞步，小伙子刚劲壮实的步伐。接着，主部主题在新调上的变化出现使舞蹈场面呈现出五彩缤纷的场景。由管乐奏出的第二插部主题明亮豪迈、强健有力：

谱例 47

1＝G $\frac{4}{4}$

急板

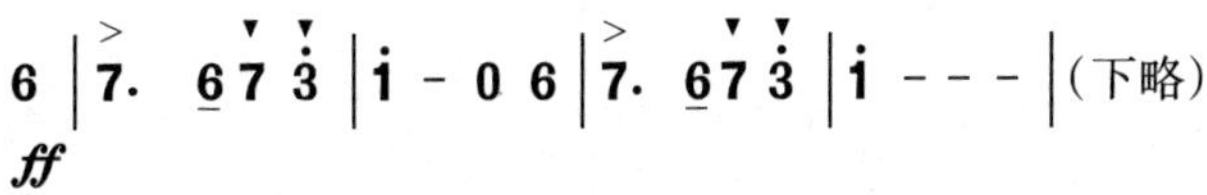

好像是在欢跃酣舞的人群中出现了几个剽悍的男子。主部第二次简短的再现是运用主题的第一句素材在不同调上模进，简练集中地勾勒出节日的欢乐景象。

第三插部由一气呵成的快速音流组成。作曲家在此笔锋一转，把我们从热烈的舞蹈场面带到罗马狂欢节的人流中。音乐使人想起作曲家在一封信中谈到的狂欢节的情景：“在上千人的欢笑声中，人们身着最豪华的化装舞会服装，彼此投掷糖果……狂欢节最后在赛马中结束。”A部的第三次变化再现，掀起了民间舞蹈的热浪，使全曲更加充满活力。结束前欢快情绪的收敛带来了最后更强烈的感情高潮。这确是一曲无比欢乐的生活颂歌。

《苏格兰交响曲》

“当上帝在描画风景时，会产生多么奇特的美!”这是作曲家和他的朋友克林格曼到达苏格兰的爱丁堡时产生的强烈印象。苏格兰雄浑、壮观的自然景象，以及苏格兰传说的神秘色彩，震撼着门德尔松的心灵。这一切又转化成激动人心的乐思，形成《苏格兰交响曲》的胚胎。这部作品从 1829 年开始构思，直到 1842 年才终告完成，并于同年 3 月 3 日在莱比锡音乐厅首演，由作曲家亲自指挥。

这部作品从构思到最后完成相距十几年，在这期间，作曲家的创作更加成熟，思想感情也更加丰富了。因此，这部交响曲不仅生动地表现了作曲家对苏格兰的感受，而且揭示了他对人生的理解；不仅展现了苏格兰大自然的风光和浓郁的民间风俗，而且还体现了作曲家高超的技巧和别具一格的审美趣味。

《苏格兰交响曲》是一部壮丽的民间史诗。它的四个乐章从不同的角度展现了苏格兰民族的风貌。它既有史诗性的深刻丰富的内涵，又有英雄性的气概和惊心动魄的美。

第一乐章是史诗的序幕，由此引出对苏格兰大自然和历史传说的种种联想。1829 年 7 月 30 日黄昏，作曲家和朋友一起来到玛丽·斯图亚特国王在荷里路德的故居。他们登上弯曲蜿蜒的楼梯，来到玛丽的私人秘书里奇奥被谋杀的房间。这段浪漫史的神奇韵味，以及教堂废墟的荒芜景象，倒塌的神坛、遍地的青苔，在阳光照射下呈现出荒凉、萧瑟的情调，触发了作曲家的灵感，凄凉、抑郁的音调在他耳边浮现：

谱例 48

1＝C $\frac{3}{4}$

稍快的行板

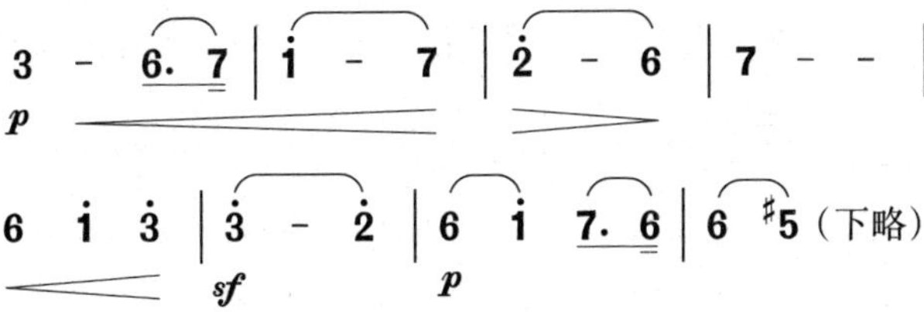

这就是《苏格兰交响曲》第一乐章引子的主题。在深沉、柔美的音调下隐藏着撕心裂肺的呼喊和绵绵不绝的哀思。继而，小提琴在高音区上下起伏的音型，像翩翩思绪在苍郁壮阔的空间上掠过。引子是孕育全曲的胚胎，奠定了全曲感情色彩的基调。

奏鸣曲的主部主题是从引子衍生的，但它在音型和节奏上均具有更多的动力性，并带有苏格兰民族音乐的色彩，仿佛作者漫步在异国的土地上，置身于北方沉寂、浑厚的荒原中：

谱例 49

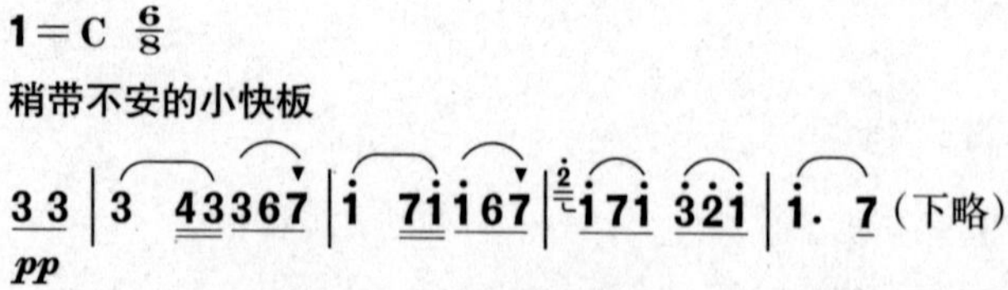

这一主题开始由单簧管与弦乐组奏出，然后长笛和双簧管的加入使其更明亮、饱满，在阴郁的色调中添上了几分暖色。在乐队全奏的高潮中，短促的音型与上下起伏的乐句，描述了作曲家对北国风光的强烈感受和印象：缭绕的烟雾、潮湿的牧场、笔挺的峭壁、不间断的狂风。

由单簧管奏出的副部主题优雅、流畅：

谱例 50

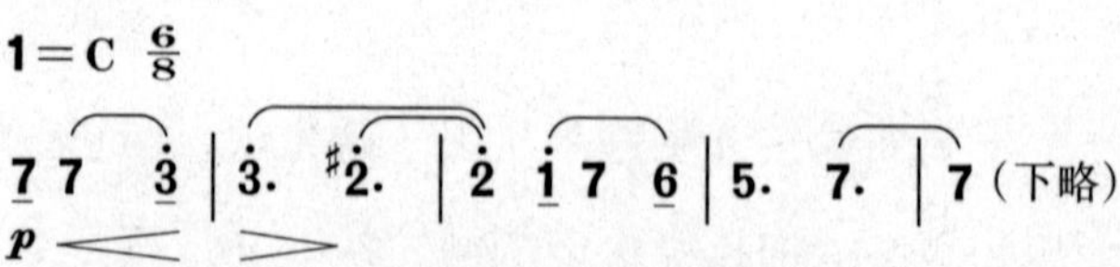

带有抒情意味的副部主题使人想起作曲家在信中谈到的：晴天中，在岩石间散步，在溪谷旁流连，

远眺黑色的森林，近观红色的灌木丛，心情无比舒畅。又或许是他的思绪沉浸在玛丽女王的浪漫史中，乐思充满了柔情蜜意。

两个主题的性格在展开部中获得了充分的揭示。带有幻想色彩和沉思意味的音调在 E 大调上的出现表现了作曲家的心灵与大自然的交流：

谱例 51

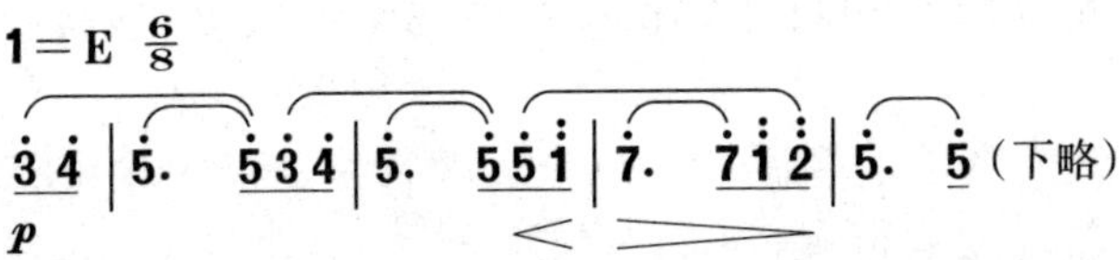

再现部中，弦乐唱出的哀歌把音乐引向暴风雨般的结束部。弦乐在半音阶上快速飞驰，不时出现的坚定节奏型在召唤，自然界与感情风暴的交融使音乐的情绪形成了一个新的高潮。最后，引子悲凉的音调又出现了，构成了首尾呼应的框架。这样，又突出了悲壮的情绪基调。这种情绪仿佛是弥漫在人们心头的阴霾，无法驱散，也无法摆脱。

第二乐章是用简洁的笔触描绘苏格兰民族外

在风貌的“风俗画”。在生动的画面中又处处显露出苏格兰民族乐观、豪放的性格。这一乐章采用奏鸣曲式。在弦乐快速跳音的伴奏下，由单簧管模仿苏格兰风笛的主部主题出现了：

谱例 52

1＝F $\frac{2}{4}$

快速　有生气地

5 | 1235 3212 | 3. 5 i. 5 | 6. 6 i. 6 | 5 3（下略）

p

五声音阶的音调、附点节奏的音型，使主题带有浓郁的苏格兰民间音乐色彩，同时又具有清新、刚劲、爽朗的格调。上行跳进的富有冲击性的动机反复强调，展现了苏格兰民族的活力。在管乐和弦乐组上反复出现的第一主题，以鲜明的笔调勾勒出高地上的苏格兰人风笛比赛的画面。对此，门德尔松曾写道：“他们留着长长的红胡子，穿着苏格兰格子花裙，头戴插着羽毛的无边帽，裸露着双膝，手中拿着风笛。”

第二主题由跳跃的下行音型、风趣的装饰

音、简朴自然的音调组成。它表现出苏格兰民族幽默、朴实的性格特点：

谱例 53

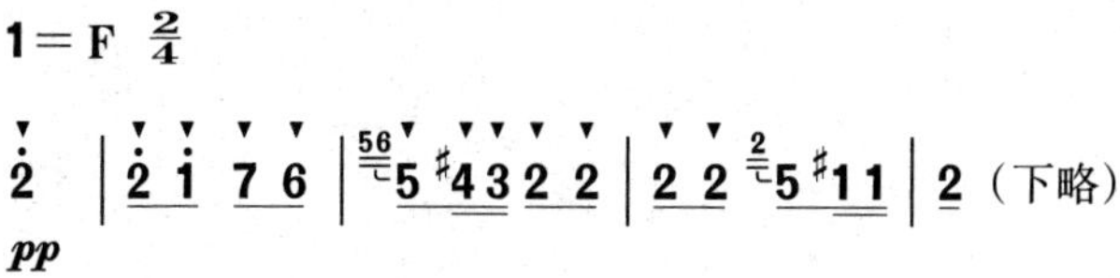

当第二主题不停地向前流动时，出现了与之辉映的管乐活泼的上行音调。它似乎是节日中的欢声笑语，村寨里的喧闹嬉戏。当第一主题在各个声部以不同调性色彩出现时，民间节日的气氛渲染得更强烈。尤其是当两个主题交织在一起，或头尾相接、或上下呼应时，情绪更热烈、场面更壮观。结束前，力度、音量的不断下降使节日的场面、乡村的情趣渐渐在眼前淡化。

第三乐章是追忆过去、缅怀历史的抒情诗，采用奏鸣曲式。在弦乐拨奏的分解和弦的朦胧背景上出现的引子，充满感伤的色彩，八度大跳后紧接下行的小二度音调如痛苦的喘息和哀叹，把听众的情绪引入苏格兰民族悲壮的历史传说和玛丽女王不幸的浪漫史的气氛中：

谱例 54

1＝A $\frac{2}{4}$

柔板

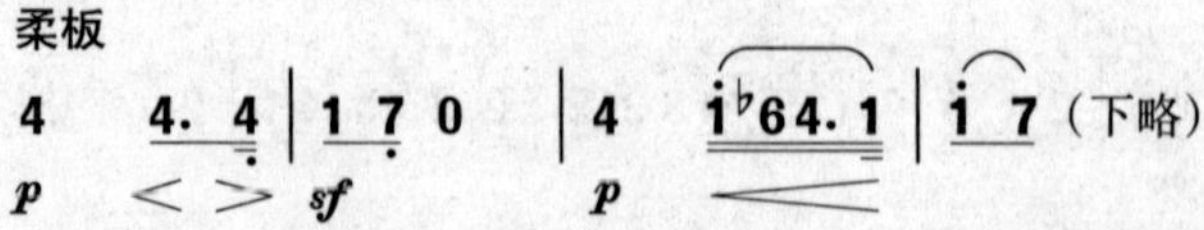

抑郁、幽怨的主部主题气息悠长，似痛苦的追忆、感伤的情思：

谱例 55

1＝A $\frac{2}{4}$

柔板

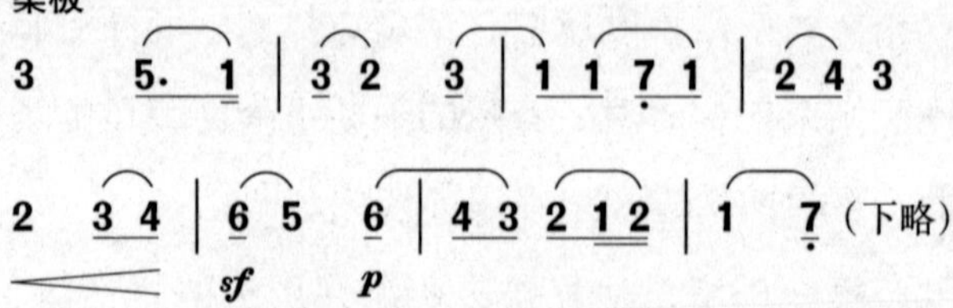

副部主题带有沉重的附点音符、凝重的和声色彩，像一首葬礼进行曲，饱含对古代英雄的哀悼之情：

谱例 56

1＝A $\frac{2}{4}$

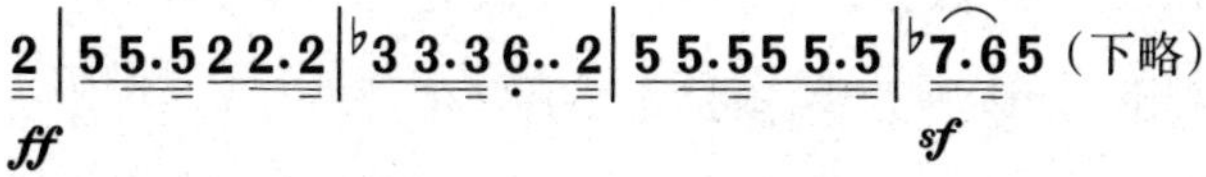

随着音乐的发展，坚定刚毅的力量逐步代替了哀伤的感情，仿佛是英雄的牺牲唤起了民族的觉醒。在再现部中，作曲家的视线似乎已从对历史的回顾转向壮阔浑厚的苏格兰大自然。第一主题展现出新的面貌，第二主题亦更具坚韧的英雄气质。在情绪上为宏伟的第四乐章做好准备。

第四乐章是对苏格兰民族精神的揭示，是人类奋进精神的颂歌。奏鸣曲呈示部的第一主题，奔放豪爽的上行、下行附点音符，具有不可阻挡的气势与不可抑制的生命力：

谱例 57

1＝C $\frac{2}{2}$

十分活泼的快板

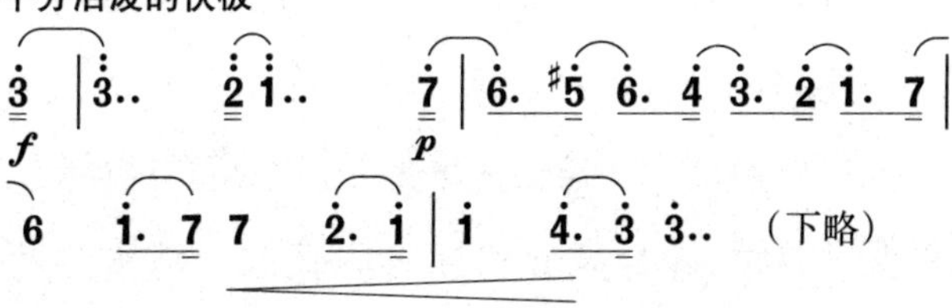

这充满动力的主题显示了苏格兰民族蓬勃、乐观的精神和顽强的生命力。它既是苏格兰人民内在精神的刻画又是作曲家对美好生活的赞叹。这一乐章具有巨大的能量和英雄的气概，充分显示出作曲家组织发展音乐材料的才能。

由一支双簧管与两支单簧管组成三重奏唱出的第二主题与引子的素材有着密切的联系，但它却毫无引子中那种悲怆的情调。它的音调优雅、精美、纤巧动人。

谱例 58

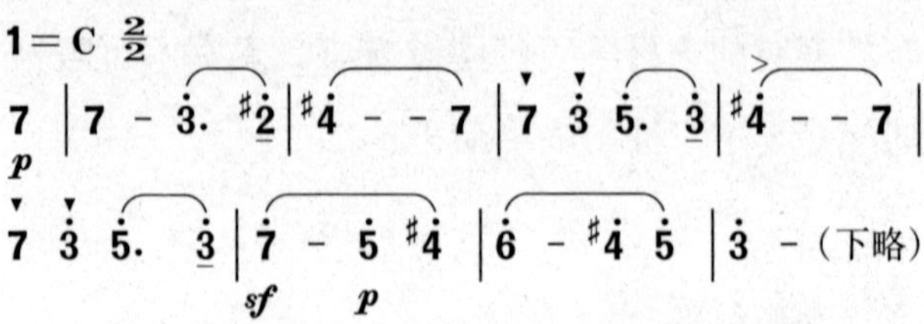

这是强烈、刚劲的苏格兰民族性格的另一侧面，或是热烈、兴奋情绪后的一种平静和安宁。

在发展部中，第一主题的基本节奏贯穿始终，作为一种力量的显示和性格的强调。基本主题的素材时而分裂、时而聚合，在各个声部中出现，在不同音区和音色的各个层次上发展。再现部的末端，出现了由单簧管独奏与大提琴独奏构成的赋格段。它略带淡淡的愁绪，似对曲首情绪的回顾，又似藏在欢乐中的一缕哀思。但这只是短暂的，“青山遮不住，毕竟东流去”。结尾，A 大调庄重雄伟的民族颂歌，以凯旋的气势总结了全曲。

综上所述，我们可以看出《苏格兰交响曲》四个乐章既各具特色又有内在的联系。第一、第三乐章在情调上的呼应，第二、第四乐章由外及里的递进，使四个乐章构成均衡统一的整体。

这部交响曲鲜明地体现了作曲家积极乐观的人生态度。尽管早年游历苏格兰的阴郁印象仍记忆犹新，但作曲家感受到世界的发展是不会停止的，人类和万物的生命力是持久的。贯穿在作曲家其他作品中的积极乐观的精神，在带有悲剧色彩的《苏格兰交响曲》最后一个乐章中仍然焕发出光彩。他毕竟是门德尔松——一位带着微笑注视着世界的作曲家。

三、作品目录①

① 引自《牛津音乐词典》（第六版）“门德尔松”条目，人民音乐出版社 2023 年版，第 855—857 页。

戏剧音乐：喜歌剧《卡马乔的婚礼》（*Die Hochzeit des Camacho*，Op.10，1825）；戏剧配乐《仲夏夜之梦》（*A Midsummer Night's Dream*，Op.61，1842）；轻歌剧《儿子与陌生人》[*Son and Stranger*（*Die Heimkehr aus der Fremde*），又名《返乡》，Op.89，1829]；歌剧《罗蕾莱》（*Lorelei*，未完成，1847）。

管弦乐：早期交响曲13部，由弦乐队演奏；交响曲，包括No.1（C小调，Op.11，1824）、No.2[《颂赞歌》（*Lobgesang*），降B大调，Op.52，1840]、No.3[《苏格兰交响曲》（*Scotch Symphony*），A小调，Op.56，1830～1842]、No.4[《意大利交响曲》（*Italian Symphony*），A大调，Op.90，1830～1831、1833]、No.5[《宗教改革交响曲》（*Reformation Symphony*），D小调，Op.107，1830～1832]；序曲《吕布拉斯》（*Ruy Blas*，Op.95，1839）；序曲《仲夏夜之梦》（*A Midsummer Night's Dream*，Op.21，1826）；序曲《赫布里底群岛》[*The Hebrides*），又称《芬格尔山洞》（*Fingal's Cave*），Op.26，1830，1832年修订]；《平静的海与幸福的航行》[*Meeress-*

tille und Glückliche Fahrt（*Calm Sea and Prosperous Voyage*），Op.27，1832］；《美丽的梅露西娜》（*The Fair Melusina*，Op.32，1833）。

协奏曲及其他：钢琴协奏曲［No.1（G 小调，Op.25，1832），No.2（D 小调，Op.40，1837）］；《辉煌随想曲》（*Capriccio brillant*，B 小调，Op.22，1832）；《辉煌回旋曲》（*Rondo brillant*，降 E 大调，Op.29，1834）；《小夜曲与欢快的快板》（*Serenade and Allegro giocoso*，B 小调，Op.43，1838）；小提琴协奏曲（E 小调，Op.64，1844）；A 小调协奏曲（逝世后发表，钢琴与弦乐队，1822）；D 小调协奏曲（逝世后发表，小提琴与弦乐队，1822）；E 大调协奏曲（逝世后发表，2 架钢琴与管弦乐队，1823）；降 A 大调协奏曲（2 架钢琴与管弦乐队，1824）。

合唱：《第一个瓦尔普吉斯之夜》［*Die Erste Walpurgisnacht*（*The First Walpurgis Night*），Op.60，1831，1842 年修订］；清唱剧，包括《圣保罗》（*St Paul*，Op.36，1834～1836）、《以利亚》（*Elijah*，Op.70，1846，1846～1847 年修订）、《基督》（*Chri-*

stus，Op.97，未完成，1847)；《颂赞歌》［*Lobgesang*（*Hymn of Praise*），即第二交响曲，降B大调，Op.52，1840］；《锡安赞》（*Lauda Sion*，Op.73，1846）；《听我的祈祷》（*Hear My Prayer*，1844）；为"诗篇"谱曲9首。

室内乐：弦乐四重奏，包括No.1（降E大调，Op.12，1829）、No.2（A小调，Op.13，1827）、No.3（D大调）、No.4（E小调）、No.5（降E大调，Op.44，Nos.1～3，1837～1838）、No.6（F小调，Op.80，1847）；弦乐四重奏（降E大调，1823）；弦乐四重奏《小曲4首》［*4 Pieces*，Op.81，包括《E大调行板》（1847）、《A小调谐谑曲》（1847）、《E小调随想曲》（1843）、《降E大调赋格曲》（1827）］；钢琴四重奏［No.1（C小调，Op.1，1822），No.2（F小调，Op.2，1823），No.3（B小调，Op.3，1824～1825）］；中提琴奏鸣曲（C小调，1824）；单簧管奏鸣曲（降E大调，1824）；小提琴奏鸣曲（F小调，Op.4，1825）；《协奏式变奏曲》（*Variations concertantes*，钢琴与大提琴，Op.17，1829）；弦

乐五重奏［No.1（A大调，Op.18，1831），No.2（降E大调，Op.87，1845）］；弦乐八重奏（降E大调，Op.20，1825）；由八重奏中的谐谑曲改编的管弦乐曲；大提琴奏鸣曲［No.1（降B大调，Op.45，1838），No.2（D大调，Op.58，1843）］；钢琴三重奏［No.1（D小调，Op.49，1839），No.2（C小调，Op.66，1845）］；《无词歌》（*Lied ohne Worte*，D大调，大提琴与钢琴，Op.109，1845）；六重奏（D大调，Op.110，1824）；《音乐会曲》（*Concertstück*），包括No.1（F小调，单簧管、巴赛特单簧管与钢琴，Op.113，1833）、No.2（D小调，Op.114，1833）。

钢琴：《随想曲》（*Capriccio*，升F小调，Op.5，1825）；奏鸣曲［E大调（Op.6，1826），G小调（Op.105，1821），降B大调（Op.106，1827）］；《风格小品7首》（*Characteristic Pieces*，Op.7，1827）；《随想回旋曲》（*Rondo Capriccioso*，Op.14）；《无词歌》（*Lieder ohne Worte*），包括第一卷（Op.19，1829～1830）、第二卷（Op.30，1835）、第三卷（Op.38，1837）、第四卷（Op.53，1841）、第五卷

（Op.62，1844）、第六卷（Op.67，1843～1845）、第七卷（Op.85，1842）、第八卷（Op.102，1842～1845）；《幻想曲》（*Fantasy*，Op.28，1833）；《随想曲 3 首》（*3 Capriccios*，Op.33，1833～1835）；《庄严变奏曲》（*Variations sérieuses*，D 小调，Op.54，1841）；《变奏曲》（*Variations*）［Op.82（1841），Op.83（1841）］；钢琴二重奏《辉煌的快板》（*Allegro brillant*，Op.92，1841）；《前奏曲与练习曲 3 首》（*3 Preludes and Studies*，Op.104，1836～1838）；《随想曲》（*Capriccio*，E 大调，Op.118，1837）。

人声与钢琴：《歌曲 12 首》（*12 Songs*，Op.8，1830）；《歌曲 12 首》（Op.9，1829）；《歌曲 6 首》（Op.19a，1830）；《歌曲 6 首》（Op.34，1834～1837）；《歌曲 6 首》（Op.47，1839）；《歌曲 6 首》（Op.57，1839～1842）；《歌曲 6 首》（Op.71，1845～1847）；《歌曲 3 首》（Op.84，1831～1839）；《歌曲 6 首》（Op.86，1826～1847）；《歌曲 6 首》（Op.99，1841～1845）；《圣歌 2 首》（2 *Sacred Songs*，Op.112，1835）。

主调合唱曲：6 首（女高音、女低音、男高音、男低音，Op.41，1834）；6首（女高音、女低音、男高音、男低音，Op.48，1839）；6首（男高音、男低音，Op.50，1837～1840）；6首（女高音、女低音、男高音、男低音，Op.59，1837～1843）；6首二声部歌曲（Op.63，1836～1844）；4首（男高音、男低音，Op.75，1837～1844）；4首（男高音、男低音，Op.76，1840～1847）；3首二声部歌曲（Op.77，1836～1847）；6首（女高音、女低音、男高音、男低音，Op.88，1839～1847）；4首（男高音、男低音，Op.100，1839～1844）；4首（男高音、男低音，Op.120，1837～1847）。（以上歌曲主要是为海涅、歌德、艾兴多夫、法勒斯莱本、乌兰特和司各特等人的诗歌谱曲）《节日赞美诗》（*Festgesang*，男声与铜管乐器，1840）。

管风琴：3首前奏曲与赋格（Op.37，1833～1837）；6首奏鸣曲（Op.65，1839～1844）；《行板与变奏》（*Andante and Variations*，D大调，1844）。

MENDEERSONG

图书在版编目(CIP)数据

门德尔松 / 罗小平编著. -- 北京 : 人民音乐出版社, 2023.5(2024.5重印)
(外国音乐欣赏丛书)
ISBN 978-7-103-06514-3

Ⅰ. ①门… Ⅱ. ①罗… Ⅲ. ①门德尔松(Mendelssohn Bartholdy, Felix 1809-1847)-生平事迹②门德尔松(Mendelssohn Bartholdy, Felix 1809-1847)-音乐评论 Ⅳ. ①K835.165.76 ②J605.516

中国国家版本馆CIP数据核字(2023)第056368号

责任编辑:李亚芳 马圆瑞
责任校对:袁 蓓
封面设计:王 华

人民音乐出版社出版发行
(北京市东城区朝阳门内大街甲55号 邮政编码:100010)
Http://www.rymusic.com.cn
E-mail:rmyy@rymusic.com.cn
新华书店北京发行所经销
北京隆昌伟业印刷有限公司印刷
880×1230毫米 32开 4.75印张
2023年5月北京第1版 2024年5月北京第2次印刷
印数:3,001—3,500册 定价:25.00元

读者服务部联系电话:(010)58110591
如有缺页、倒装等质量问题,请与出版部联系调换。电话:(010)58110533